古代歷史文化研究輯刊

十四編

王明蓀 主編

第 **4** 冊

先秦「樂神」精神與中國
尚「文」政治傳統研究（下）

雷大川 著

國家圖書館出版品預行編目資料

先秦「樂神」精神與中國尚「文」政治傳統研究（下）／雷大川
著 ― 初版 ― 新北市：花木蘭文化出版社，2015〔民 104〕
目 4+162 面；19×26 公分
（古代歷史文化研究輯刊 十四編：第 4 冊）
ISBN 978-986-404-312-5（精裝）
1. 中國政治思想 2. 先秦
618   104014369

ISBN-978-986-404-312-5

9 789864 043125

古代歷史文化研究輯刊
十四編　第 四 冊　　　　　ISBN：978-986-404-312-5

先秦「樂神」精神與中國尚「文」政治傳統研究（下）

作　　者　雷大川
主　　編　王明蓀
總 編 輯　杜潔祥
副總編輯　楊嘉樂
編　　輯　許郁翎
出　　版　花木蘭文化出版社
社　　長　高小娟
聯絡地址　235 新北市中和區中安街七二號十三樓
　　　　　電話：02-2923-1455／傳眞：02-2923-1452
網　　址　http://www.huamulan.tw 信箱 hml810518@gmail.com
印　　刷　普羅文化出版廣告事業
初　　版　2015 年 9 月
全書字數　158343 字
定　　價　十四編 28 冊（精裝）台幣 52,000 元
　　　　　　　　　　　　　　　　　　版權所有・請勿翻印

先秦「樂神」精神與中國
尚「文」政治傳統研究（下）

雷大川　著

第四章 「承樂以文」與「察人文以成化」──「樂神」精神的流變 傳承中國政治傳統「文化基因」

在以「樂」治國的上古語境中,「樂」與「文」、道與治、政與「化」互為一體:「樂」為目,「文」為綱;道為其「體」,治為其「用」;政為其表,「化」為其本。道、文、「化」相互勾連的邏輯理路,以「華夷之辨」、「禮樂文明」為坐標,開掘出中國傳統尚「文」政治以道義立國、以文明立國的內在精神主脈。定國安邦若能以「道」為本、以「文」為先、以「化」為皈依,始終以自身的文明性、道義性來感召民心,則可「以文而化成天下」。〔註1〕「樂」、「文」、「化」三維一體根植中國政治傳統的「文化基因」。

一、從「樂通神人」到「致樂以治心」──「樂」從超驗性到人文性的精神流變

中國文化的演進,從原始時代至夏商周三個王朝止,整個歷程是「神本文化」──「祭司文化」──「禮樂文化」,從這個意義上說,西周王朝之前,整個中國文化是以神明為核心的「神本時代」。其餘各種世俗文化、人文文化都作為宗教文化的一部分,附屬其中,不具備獨立的地位和意義。在「巫史時代」,無論在西方,還是在東方,「樂」皆為「聖樂」。對於歐洲先民而言,聖樂是傳達上帝啟示的天籟之音;在中國遠古之際,音樂也是「聖樂」。考古學家從殷商甲骨文中,考證出「巫」、「舞」兩字原本同源,樂舞乃是祭祀神

〔註1〕《周易正義》卷3《賁》象辭。

—169—

明的巫舞。隨著祖先崇拜在上古中國的日益興起，中國先民們祭祀的對象由「天神」漸漸轉變為「祖先神」。隨著祭祀意義的遷移開啓上古樂舞從超驗性到人文性的精神流變。

（一）「巫：以舞降神者也」——「神本文化」時代的樂舞是人神溝通精神紐帶

在「神本時代」，原始人對神明信仰與崇拜與原始藝術的萌生有著緊密的關聯。中國考古學家對殷商時期的甲骨卜辭中的「巫」與「舞」進行分析，也得出歌舞起源於巫術的結論，這充分表明，在上古時代，「巫」即是指以舞降神的人，樂舞即「巫舞」，超驗性是上古樂舞的內在本性。

在原始社會，由於當時生產力極其低下，由於對自身力量渺小的無奈，先民們渴望通過某種儀式獲得一種超自然的神秘力量，進入與神靈溝通的奇異境界.於是他們敲擊出有節奏的音響跳動身體.口中念念有詞狂舞高歌，這種巫舞活動是先民們與他們所信賴的神靈之間溝通的重要方式和手段，在祭祀活動中，巫舞之人以卜筮、巫詞、咒語以及歌舞等手段營造氣氛，藉此溝通人神之間的聯繫，歌舞已不再是一種單純的表演形式，而是一種神聖的超驗行為，通神、娛神是原始巫舞唯一的功能和目的。《說文》曰：

> 巫，祝也。女能事無形，以舞降神者也。象人衰，舞形，也工同意。〔註2〕

鄭玄《詩譜》亦曰：

> 古代之巫，實以歌舞為職。

由此可知，歌舞不僅源於生產勞動，而且亦源於巫史。《楚辭章句》曰：

> 昔楚南郢之邑，沈湘之間，其俗信鬼而好祀。其祀必作歌樂鼓舞以樂諸神。

巫史歌舞是為取悅於神，既是表達感情的手段，又是神力的象徵。《詩經·大序》云：

> 言之不足，故差歎之多噫歎之不足，故詠歌之，詠歌之不足，不知手之舞之，足之蹈之也。〔註3〕

《禮記·樂記》亦云：

〔註2〕許慎：《說文》。
〔註3〕《詩經·大序》。

　　詩，言其志也，歌，詠其聲也，舞，動其容也。〔註4〕

　　上古初民的歌舞活動往往都與巫術禮儀活動緊密關聯，尤其在祭祀禮儀
中，原始歌舞更是其中的重要組成部分，上古先民在隆重而熱烈的祭祀歌舞
中如癡如醉，彷彿超離塵世，跨入神界，與神明相通。後世之人談起「巫」，
很自然的與裝神弄鬼、愚昧無知聯繫在一起，其實，這是一種認識偏見。從
人類學維度而言，沒有古代的「巫祝」神教就不會有古代的文明。〔註5〕從歷
史的角度考察，世界上任何民族的文化，都曾歷經一個以神爲本的歷史時期，
在這一歷史時期，神明信仰是上古先民戰勝蠻荒的精神依託。

　　在史前的蠻荒時代，當時人們的生產生活工具又很簡陋，面對野獸橫行
的險惡境遇，上古初民在朝不保夕的惶恐中，戰戰兢兢的艱難度日。死亡的
恐懼，生存的憂患正是人類升騰超驗向度的內驅力，由此萌生的神明崇拜崇
拜則是人類追求生命、躲避死亡和災難的重要精神動能。在神明崇拜中，巫
術及由此而演化出來的特殊儀式活動被上古先民認爲是溝通神人，隔絕人
鬼、戰勝恐懼的精神通道：

　　　　巫術的功能在使人的樂觀儀式化，提高希望勝過恐懼的信仰。

　　　　巫術表現給人的更大價值，是自信力勝過猶豫的價值，有恒勝過動

　　　　搖的價值，樂觀勝過悲觀的價值。〔註6〕

　　世界著名的心理學家詹姆斯・G・弗雷澤認爲，在世界上的每個地方，巫
術時代先於宗教時代。巫術是萬物有靈信仰的萌生階段，上古初民在巫術的
精神指引下，汲取非凡的精神動能。

　　有巫術必有「巫史」。在上古之際，「巫」的前身本義是指能以舞降神的
人；掌管天文、星象、曆數、史冊的被稱之爲「史」。上古先民認爲，「巫史」
能夠與鬼神相溝通，能調動鬼神之力爲人消災降福，久而久之成爲上古時代
一種不可缺少的重要角色。

　　　　巫術的進行，主要通過巫來體現。巫是巫術活動的表演者和執

　　　　行者。巫術離開巫這個表演者和執行者（同時也是傳承者），不僅無

　　　　法得到體現，而且也不能得到傳承和發展。因而巫作爲巫術的主要

〔註4〕《禮記・樂記》。

〔註5〕宋兆麟《巫與巫術》，四川民族出版社1989年出版，8頁。

〔註6〕馬林諾夫斯基《巫術、科學、宗教與神話》，中國民間文學出版社1986年版，
　　　77頁。

承擔者，在巫術文化中有其重要作用。〔註7〕

在上古之際，「巫史」既是具有通靈能力的法師，又是當時的文化智者。他們能燭知過去，昭明未來，格於皇天，交於神人；上窺神旨，下達民情，天文、地理、人事無所不知。他們以天則地，以神馭人，在天上和地下搭起一座橋梁，傳達人間的意願和上天的旨意。

「巫史」由於具有超凡的素質和能力，因爲在史前時代，備受尊崇，被視爲聖人，舉爲君王。在上古時代，巫與王本爲一體。史載，商王朝的開國國王成湯即是當時之「大巫」。據文獻記載，成湯之時，「雒坼川竭，煎沙爛石，於是使人持三足鼎，祝山川」〔註8〕

在巫史時代，巫師與先王率眾起舞，主要是以樂舞祭祀神明，祈福避禍，古「樂」文化作爲對越神明的精神紐帶，充滿神秘主義色彩。隨著「巫史文化」的消退，上古神權與王權的此消彼長，「祭司文化」亦日益興起，上古樂舞逐漸發生內在的精神流變。

（二）從「民神雜糅」到「人神疏離」──時代的變遷與上古樂舞的政治化

上古中國經歷從「人神合一」到「祭政合一」的時代變遷。在「人神合一」的時代，「民之精爽不攜貳者，而又能齊肅衷正」，〔註9〕祭祀樂舞表達的是上古先民對於神靈的精誠敬虔之心，然而隨著上古王權的獨大，王權逐漸凌駕於神權之上，原本祭祀神明的樂舞逐漸蛻變爲一種「君權神授」的政治表演儀式。上古政治形態的變遷，打開了上古樂舞的人文境遇。

「巫史文化」時代，共歷經「民神雜糅」、「民神不雜」、「絕地天通」三個階段。據文獻《國語‧楚語下》記載：

> 昭王問於觀射父，曰：《周書》所謂重、黎實使天地不通者，何也？若無然，民將能登天乎？
>
> 對曰：非此之謂也。古者民神不雜。民之精爽不攜貳者，而又能齊肅衷正，其智慧上下比義，其聖能光遠宣朗，其明能光照之，其聰能聽徹之，如是則明神降之，在男曰覡，在女曰巫。是使制神之處位次主，而爲之牲器時服，而後使先聖之後之有光烈，而能知

〔註7〕張紫晨：《中國巫術》，上海三聯書店，1990 年版，第 3 頁。
〔註8〕《說苑‧君道》。
〔註9〕《國語》卷十八楚語下。

山川之號、高祖之主、宗廟之事、昭穆之世、齊敬之勤、禮節之宜、
威儀之則、容貌之崇、忠信之質、禋絜之服，而敬恭明神者，以爲
之祝。使名姓之後，能知四時之生、犧牲之物、玉帛之類、彩服之
儀、彝器之量、次主之度、屏攝之位、壇場之所、上下之神、氏姓
之出，而心率舊典者爲之宗。於是乎有天地神民類物之官，是謂五
官，各司其序，不相亂也。民是以能有忠信，神是以能有明德，民
神異業，敬而不瀆，故神降之嘉生，民以物享，禍災不至，求用不
匱。

及少昊之衰也，九黎亂德，民神雜糅，不可方物。夫人作享，
家爲巫史，無有要質。民匱於祀，而不知其福。蒸享無度，民神
同位。民瀆齊盟，無有嚴威。神狎民則，不蠲其爲。嘉生不降，
無物以享。禍災薦臻，莫盡其氣。顓頊受之，乃命南正重司天以
屬神，命火。正黎司地以屬民，使復舊常，無相侵瀆，是謂絕地
天通。〔註10〕

據觀射父所說，遠古是一個天地人神分立、很有秩序的時代，「民神不
雜」、「民神異業」同時又互利互惠。神在天上，下民如果要得到天神的意旨，
就要通過神的代言人巫、祝、宗來傳達。巫是具有種種超常秉賦的人物，精
爽而齊肅忠正，有「智慧」、「聖能」、「明能」、「聰能」等等，神方可降臨到
他身上，從而代神立言。瞿兌之《釋巫》認爲：「巫也者，處乎人神之間而求
以人之道通於神明者也。〔註11〕

其實，以歷史學的眼光來看，在遠古時代乃至軸心期之前，並無所謂「民
神不雜」的時代，恰恰相反，「民神雜糅」正是前軸心期的觀念世界的基本事
實。史前時代，天地人神交融共處，不分彼此，而觀射父所言的「絕地天通」，
作爲軸心時期形而上學建構的開端，卻正是對這種原始「生活世界」的破壞。
就上古中國先民的精神發展歷程而言，上古中國所經歷的實際乃是這樣三個
觀念時代：殷商之前的人神雜糅；殷周之際的絕地天通時期；秦漢以後人神
異業的時代。

在殷商之前，「夫人作享，家爲巫史」，「民神同位」。人人可以通過術數
和方技與天相通，家家可以借助巫覡（女曰巫，男曰覡）的幫助而與天神交

〔註10〕《國語》卷18楚語下。
〔註11〕瞿兌之：《釋巫》，載於《燕京學報》，1930年第7期。

通。即所謂「人之初，天下通，人上通，且上天，夕上天，且有語，夕有語。」〔註12〕傳說中，巫覡能通過攀登「靈山」的「天梯」，踏上天道，走向神界。《山海經・海外西經》云：「大荒之中……有靈山，巫咸、巫即、巫盼、巫彭、巫姑、巫眞、巫禮、巫抵、巫謝、巫羅十巫，從此升降。」所謂「靈山」之類的各種高山，神話學家們一般都認爲是「天梯」，即上古時代人們心目中的天地通道。古人認爲山高而爲通天的捷徑，在古代許多神話傳說和古籍中都記載有各種可以上天下地的神山，群巫就在此種神奇的通道上溝通人神。無獨有偶，不但記載了巫具有通神的超驗靈性，上古先王亦有通神的靈性。《周易・繫辭傳下》曰：

> 古者包犧氏之王天下也，仰則觀象於天，俯則觀法於地，觀鳥
> 獸之文、與地之宜，近取諸身、遠取諸物，於是始作八卦，以通神
> 明之德，以類萬物之情。〔註13〕

從其他記述中，我們也可以看出，「通神明之德」，這是上古先王皆有的超驗能力，如黃帝軒轅氏，既是華夏部落集團的首領，又是部落中最大的巫師。先秦典籍記載著如下傳說：

> （黃帝）合鬼神於西泰山上，駕象車而六蛟龍，畢方並轄，蚩
> 尤居前，風伯進掃，雨師灑道，虎狼在前，鬼神在後，騰蛇伏地，
> 鳳凰覆上，大合鬼神，作爲清角。

《史記》則傳說黃帝可

> 順天地之紀，幽明之占，死生之說，存亡之難。〔註14〕

關於帝顓頊高陽，史書有如下記載：

> （顓頊）靜淵以有謀，疏通而知事，養材以任地，載時以象天，
> 依鬼神以制義，治氣以教化，潔誠以祭祀。〔註15〕

這說明顓頊是位沉靜、博識、有謀略的人。他能根據不同地域條件發展生產，聚集財物，又以觀天象，按日月運行而定四時（當時已有曆法，稱「顓頊曆」），並制定出各種禮儀制度，來教化人民，按時祭祀祖先和天地鬼神。他命重爲南正，專管天地鬼神之事，命黎爲火正，專管人間之事。因而顓頊

〔註12〕 《龔自珍全集・壬癸之際胎觀》。
〔註13〕 《周易・繫辭傳下》。
〔註14〕 《韓非子・十過》。
〔註15〕 《史記・五帝本紀》。

時期，生產較前有很大發展。關於帝嚳高辛，正史有如下記載：

　　　帝嚳高辛者，黃帝之曾孫也。高辛父曰蟜極，蟜極父曰玄囂，
　　玄囂父曰黃帝。自玄囂與蟜極皆不得在位，至高辛即帝位。高辛於
　　顓頊爲族子。高辛生而神靈，自言其名。普施利物，不於其身。聰
　　以知遠，明以察微。順天之義，知民之急。仁而威，惠而信，修身
　　而天下服。取地之財而節用之，撫教萬民而利誨之，曆日月而迎送
　　之，明鬼神而敬事之。其色郁郁，其德嶷嶷。其動也時，其服也士。
　　帝嚳溉執中而遍天下，日月所照，風雨所至，莫不從服。〔註16〕

關於堯帝，《史記・本紀・五帝本紀》有如下記載：

　　　帝堯者，放勳。其仁如天，其知如神。就之如日，望之如雲。
　　富而不驕，貴而不舒。黃收純衣，彤車乘白馬。能明馴德，以親九
　　族。九族既睦，便章百姓。百姓昭明，合和萬國。〔註17〕

　　從「三皇五帝」的神話傳說中，史實中可以看到，中國上古先王都是天
生異稟，可以通神鬼的人物，這種歷史傳說看似荒誕，其實卻透露出一個非
常重要的事實：上古先王與巫是合二爲一的。如果說「三皇五帝」的傳說是
神話，那麼關於商王成湯即爲大巫的記載則是卻做無疑的。《墨子・兼愛下》
對於成湯有如下記載：

　　　惟予小子履，敢用玄牡，告於上天后，曰：今天大旱，即當朕
　　身履，未知得罪於上下，有善不敢蔽，有罪不敢赦，簡在帝心。萬
　　方有罪，即當朕身。朕身有罪，無及萬方。〔註18〕

　　商湯年間，連年大旱，於是要人祭才能降雨，於是湯親自走上柴堆，犧
牲自我以求雨。湯作爲商部落的國王，所作所爲正道出他巫覡的身份。

　　有商一代是中國巫風最爲熾熱的時代，濃厚的巫風氣息籠罩著整個殷商
王朝，巫文化在此達到登峰造極的地步，作爲天地人神溝通媒介的巫覡無疑
是當時最具權力和威望之人，巫利用神權逐漸獲取政權。巫向君王的轉化以
及是由中國傳統文化的精神流變所決定的。殷商晚期，原始的鬼神崇拜逐漸
衍化爲以血緣爲基礎的祖先崇拜。隨著祖先崇拜的日漸隆起，神明信仰逐漸
人文化。伴隨著神明信仰的人文化，神權逐漸淪落爲王權的婢女，王權逐漸

〔註16〕《史記・五帝本紀》。
〔註17〕《史記・五帝本紀》。
〔註18〕《墨子・兼愛下》。

集政權與神權於一身。

集神權、政權於一身的上古先王，不但壟斷政治的統治權，也壟斷祭祀神權，中國上古時代的政治形態逐漸發生深刻變化，原始民主制日漸瓦解，專制主義集權日益獨大。在上古神權時代，掌控神權就等於掌控了王權，專制王權為壟斷政權，首先要壟斷神權。為此上古先王「絕地天通」，獨佔「通天地」的特權，只有他們才有資格有能力與上帝、神、天相通。正如張光直先生所言：「古代，任何人都可借助巫的幫助與天相通。自天地交通斷絕之後，只有控制著溝通手段的人，才握有統治的知識，即權力。」〔註 19〕如此，佔有通天手段也就成了王權的象徵，只有佔有通天手段的地上君王才能與天交通往來。《論語‧泰伯》所云「唯天為大，唯堯則之」反映的就是這一觀念。上古之際，人們認為只有堯帝是溝通天人的中介。君王是溝通神人的中介，這一政治神話一直延綿於先秦以後，成為歷代君王乃至儒家人士維護封建政治權威的意識形態工具。漢代大儒董仲舒在《春秋繁露‧王道通三》中曾說：

古之造文者，三畫而連其中，謂之王。三畫者，天地與人也。

而連其中者，通其道也。取天地與人之中，以為貫而參通之，非王者孰能當是？

從這段話中可以看出，所謂王者，就是能通天地的人。可見，「絕地天通」的實質就是把王權神化。即所謂：「天子受命於天，天下受命於天子」，「王朝承天意以從事」〔註 20〕

「絕地天通」，以現代話語詮釋其實就是將祭祀活動的意識形態化，這主要體現在以下兩個方面，一是以祭祀樂舞來從事「君權神授」的政治表演活動，二是通過「絕地天通」，將人神相隔，人人相別。為了維護統治階層的高低尊卑之間的等級秩序，就要彰顯君與臣、官與民之間的區別。故「絕地天通」就是要天地有別，人神有別，男女有別，夫婦有別，父子有別，君臣有別，上下有別，等等。這一系列的「別」，也就是「禮」，即所謂「禮以別異」。禮的衍生，從而使樂的內在意蘊也發生了深刻的變遷，從聖樂蛻變禮樂，「樂」的人文意義逐漸彰顯。禮樂的衍生標誌著禮樂時代的到來。

中國文化，從原始時代至夏商周三個王朝止，整個歷程是「巫史文化」——「祭司文化」——「禮樂文化」的發展，從這一意義而言，西周王朝之

〔註 19〕張光直：《美術‧神話與祭祀》，瀋陽：遼寧教育出版社，1988 年，第 33 頁。
〔註 20〕董仲舒：《春秋繁露》。

前，整個中國文化是「以神明爲核心」的超驗文化，其餘各種世俗文化、人文文化都作爲超驗文化的一部分，附屬其中，不具備獨立的地位與意義。西周之後，**中國傳統文化是以「文德」爲核心的禮樂文化**，人文文化作爲超驗文化的一部分逐漸取得獨立地位，中國上古社會由此經歷千古未有之變局，中國的古「樂」文化也逐漸發生內在精神流變。

（三）從「嘉樂鬼神」至「古樂龍心」──兩周祭祀觀念之嬗變與上古樂舞人文精神的形塑

殷周之際，周人的祭祀觀念發生深刻轉變。周人以祭祀主體之「德」作爲溝通人與神的媒介，並將「德」視爲神靈賜福的依據，中國傳統祭祀觀念中的人文意義日益彰顯，先秦祭祀文化發生千古未有之突破。中國傳統文化的精神主脈逐漸展現出有別於西方文化的世俗性特質。兩周祭祀觀念的內轉傾向，也體現於祭祀用「樂」觀念的變遷，在樂舞事神這一超驗意義的基礎上，周人將「德」的觀念注入祭祀用樂，強調郊廟祭祀，必須是德音方可「合神人」，「樂」逐漸從「嘉樂鬼神」轉變爲「古樂龍心」，如何「感動人之善心」逐漸成爲祭祀用「樂」的內在旨歸，「樂」之人文意義逐漸內化爲先秦樂舞的精神主脈，尤其在「樂以象政」的先秦政治語境下，「樂」的人文意義更爲深化。

《禮記‧祭統》云：「凡治人之道，莫急於禮。禮有五經，莫重於祭。」祭祀在先秦社會中的地位，爲人所熟知。祭祀的原初意義在於建立人與神的交接，彼此是一種「獻」與「報」的回饋關係，即祭祀者虔誠的「奉之以物，導之以禮」，而神靈則報以「賜福」，或「禳解」人之禍災。殷商祭祀，以祭品的豐厚來博取神靈之福祐，用牲數量和規模往往較大。在殷商王陵區祭祀坑中，馬牲、大量人牲的使用，處處在爲這個王朝祭祀之狂熱作著詳細的實物詮釋。

殷商時代濃重的神本主義情懷，學者闡述頗多，茲不贅言。周人祭祀，鬼神被賦予道德理性。如果說周人對商人的宗教觀還有所繼承的話，那就是他們仍然相信有一個主宰自然與人事興衰的至上神──「上帝」，並且把「上帝」的權威更加放大，以至衍生出一個與這種具有更大權威的上帝的同義詞──「天」。但周人心目中的「天」或「上帝」已不是過去那種狹隘的只充作殷人保護神的「天」或「帝」，它明辨是非，甄別善惡的「人格之天」，它依據下界統治者是否仁德，決定是否將某一族姓的統治者的「命」革掉，而將

其轉授給他認為能代行自己意志的另一族姓的統治者。周代初期的統治者之所以經常提到「天命靡常」、「天命不於常」，即是源自於對「人格之天」的深切感悟與敬畏，這裡具有決定意義的是，天意與民意互為一體，天命和仁德緊密關聯。

基於「人格之天」的敬畏，周人在人與神明之間感發出「德」的觀念。在西周之前，中國文化並沒有抽象出「德」之觀念，一直到文明時代初期，嚴格意義上的「德」之觀念還只是處於萌芽階段，並沒有形成完整的倫理道德觀念。甲骨卜辭的有關記載與《尚書·盤庚》篇中的有關話語皆表明，「德」的觀念萌發於商代。甲骨文中的「德」作為一個象形字，從字形來看，象徵一個人張望路途，人們看清了路而有所得。從甲骨卜辭的記載看，殷人所謂的「德」更多的是「得」之意。在殷人看來，有所「得」則來源於神意，是神意指點迷津而獲「得」。卜辭中「德」的這種含義與《釋名·釋言語》所說「德，得也，得事宜也」正相吻合。例如，「今春王德伐土方」。其中「德」字皆可通假作「得」。關於德的這種含意，《禮記·樂記》亦曰「德者，得也」，以「德」為「得」。「德」、「得」相通，在《尚書·盤庚》篇裏也多有例證。

總而言之，在有確鑿文字記載的殷商時代，「德」即得到之「得」，意指得到「天」的眷顧與恩惠。具體而言，商人之「德（得）」是從兩個方面獲取的：一是「天命」。此即盤庚所說「恪謹天命」，他將殷都屢遷視為天命之旨意，如果不遷都，那就是「罔知天之斷命」；二是「高祖」。在商人的理念中，高祖是人與神之間相連的紐帶，高祖既是天意的代表，又是後世子孫的指引著。商代國王盤庚認為他們的一切都是從「先王之烈」、「高祖之德」中承繼的，可見，殷商時代的「德」，其實即是天命觀、神意觀的一種表達。在商代，「德」乃是理所應當之「德」，從本質意義而言，「德」即是一種消極的宿命論，這一宿命論的觀念，直到商代末年也沒有改變，史載，大禍將臨之際，商紂王還十分肯定地說「我生不有命，在天」，[註21]並以此回絕賢臣的進諫。商代是「神本時代」，對於神靈的盲目崇拜，在當時的社會觀念中仍佔據主導地位，「德」的觀念尚未從宿命論的範疇開釋出來。

經過商周之際千古未有之社會劇變，「德」之觀念在周代已逐漸顯現出與商代不同的精神意涵。殷商時代，人們以「天德」對應神明旨意，認為人世

〔註21〕 《尚書·西伯戡黎》。

之間的一切都是神靈無條件賜予的結果，將「德」定位於從天神和祖先神那裡所獲之「得」。周初雖然留存殷人之「德」的觀念殘餘，但周人觀念中的「上天」與神靈乃是以「人格天」、「人格神」的面貌出現，具有甄別善惡的道德理性：「皇天無親，惟德是輔」〔註22〕，在祭祀活動中，周人頌揚緬懷先人功德，也是勉勵自己秉承並效法先祖懿德。《詩・周頌・清廟》云：「於穆清廟，肅雝顯相，濟濟多士，秉文之德。」〔註23〕周人對鬼神的祭祀，是以人間倫理價值原則施行於鬼神，正因為鬼神具有道德意志，能夠「賞善禍淫」，所以對於神靈的敬拜甚為虔誠。「神所憑依，將在德矣」，祭祀的重心關鍵在於祭祀者的德行，「秉文之德」，天神與先祖的在天之靈方可「報以介福，萬壽無疆」。

　　虔誠的情感既有來自於對天命的敬畏，亦有相信「秉德」可達天命的信心。時至西周，上古先民終於醒悟，「德」是交接天命與神靈的媒介，並將其視為獲得神靈福祐的依據。《詩經》以及西周金文中，「德」作為一個母題，為周人所念念不忘，成為周人克配上帝、立國受土的依據。《易・坤》：「地勢坤，君子以厚德載物。」〔註24〕

　　在周代，我們的先祖即深切領悟到：人生一世，重在「厚德」，德淺命自薄，沒有深厚的德性，自然是一個沒福之薄命之人，即所謂「唯厚德者能受多福」。一個人只有深化道德素養，內涵博大精深的學識，踐行仁、義、禮、智、信等道德規範，內具載物容人之雅量，方可修養成為「厚德載物」之謙謙君子。真正的智慧總是與謙和相連，真正的哲人必然像大海一樣寬厚，淺薄的嫉恨和無知的輕蔑都是小人之相。君子欲立宏圖大業，必得先有包容天地萬物之「德」。無包容天地萬物之「厚德」，豈能有得天下的之「洪福」。《國語・晉語六》云：

　　　　唯厚德者能受多福，無德而服者眾，必自傷也。〔註25〕

早在上古時期，華夏先民就感悟到「德」與「福」本為一體，互為表裏。「德」為本，「福」為表。惟有厚德方可多福。無德而又位居官位者，不但不能多福，反而會成為傷害自己的禍患，故「德」是「福」的根本：

〔註22〕《尚書・蔡仲之命》。
〔註23〕《詩・周頌・清廟》。
〔註24〕《易・坤》。
〔註25〕《國語・晉語六》。

夫德，福之基也，無德而福隆，猶無基而厚墉也，其壞也無日矣。〔註26〕

欲求神祈福，首先要修養自身的德行，這是因為「鬼神饗德」，不但人仰慕有德行的人，連鬼神也嚮往有德行的人。孔穎達疏：

鬼神聰明正直，依人而行，物既懷仁，故神亦饗德也。

故周人在祭祀鬼神時，往往以祭祀主體之「德」作為溝通、交接人神的媒介，並以之作為神靈賜福的依據，這是中國歷史上對原始祭祀觀念的第一次超越。

與西周時期的祭祀理念相比，春秋時期儘管也承繼「神所憑依，將在德矣」〔註27〕但更關注於人的道德自覺。孔子繼承周人「近人」、「尊禮」、「重德」的祭祀傳統，他主張，「務民之義，敬鬼神而遠之」〔註28〕，求福之資，則仰賴於人之德性的建立，馬王堆帛書《要》篇記孔子說：

君子德性焉求福，故祭祀而寡也；仁義焉求吉，故卜筮而希也。
〔註29〕

孔子對於祭禮的闡述，緊緊圍繞「敬」而展開，強調祭祀者內心「誠敬」和真實的情感。《禮記‧檀弓上》子路曰：

吾聞諸夫子，喪禮，與其哀不足而禮有餘也，不若禮不足而哀有餘也；祭禮，與其敬不足而禮有餘也，不若禮不足而敬有餘也。

春秋時期，貴族精英開始將「敬」內化為人的一種精神品質，尤其孔子之後，儒門祭祀觀念呈現內轉的路向，祭祀主體的「內在德性」以及祭祀的道德踐履功能日漸凸出。

時至東周，祭祀觀念發生深刻轉化，人們認為，祭祀不僅是為了求神保祐，更在於通過祭祀來成就人的德性。誠乃天地之道！在祭祀中，感發內在之真情，修養誠敬之心，這是祭祀的重要意義所在：《禮記‧祭統》云：

夫祭者，非物自外至者也，自中出，生於心也。

是故賢者之祭也致其誠信，與其忠敬，奉之以物，道之以禮，安之以樂，參之以時，明薦之而已矣，不求其為。此孝子之心也。

〔註26〕《國語‧晉語六》。
〔註27〕《左傳‧僖公五年》。
〔註28〕《論語‧雍也》。
〔註29〕陳松長、廖名春：《帛書〈二三子問〉、〈易之義〉、〈要〉釋文》，《道家文化研究》第三輯，435頁，上海古籍出版社，1993年。

　　誠敬乃是踐禮主體內心的無妄，也是祭祀禮文之盛的內在心理情感依據。故《祭統》云：

　　　　身致其誠信，誠信之謂盡，盡之謂敬，敬盡然後可以事神明，
　　此祭之道也。

　　儒家所謂祭祀「盡」的概念，其著重點在於祭祀主體內心的誠敬，它將祭禮的內在精神繫於人心，是對上古祭祀觀念的深刻轉化，它抽離了祭祀的信仰的功利性特徵，將祭祖的深情維繫於人的內在道德修為，突出表現了後世儒家祭祀觀念從功利欲求到道德修為的內在超越。《禮記‧禮器》云：「祭祀不祈」，強調祭祀者自盡其心，不外求於功利。

　　祭祀觀念從功利性到道德性的進路，不僅是儒家祭祀觀念的基本要義，也是道家、墨家祭祀觀念的內在旨意。《莊子‧讓王》：

　　　　昔者神農之有天下也，時祀盡敬而不祈喜。

　　俞樾注曰：

　　　　喜當作禧。《釋詁》：禧，福也。不祈禧，不祈福也。其於人也，
　　忠信盡治而無求焉。

　　《呂氏春秋‧誠廉》：

　　　　昔者神農氏之有天下也，時祀盡敬而不祈福也。其於人也，忠
　　信盡治而無求焉。〔註30〕

　　祭祀觀念的衍化，解構祭祀傳統迷信功能，如《管子‧形式解》：

　　　　明主之動靜得理義，號令順民心，誅殺當其罪，賞賜當其功。
　　故雖不用犧牲圭璧禱於鬼神，鬼神助之，天地與之，舉事而有福。

　　《禮記‧祭統》：

　　　　福者，備也。備者，百順之名也。無所不順者謂之備。言內盡
　　於己，而外順於道也。忠臣以事其君，孝子以事其親，其本一也。
　　　　上則順於鬼神，外則順於君長，內則以孝於親，如此之謂備。

　　儒家從「德性」角度對「福」進行重新詮釋，將祭祀視作道德踐履，目的在於成就德性之「順」。從西周以來的「事神求福」到《禮記》「福者，備也」，是兩周祭祀理念的又一重要轉進，它表明祭祀從事神求福的功能到成就人的主體德性的轉變。至此，上古華夏先民的祭祀觀念完成兩次超越：首先是西周之初，周人以祭祀主體之「德」作為溝通、交接人神的媒介，並以之

─────────────────

〔註30〕　《呂氏春秋‧誠廉》。

作爲神靈賜福的依據。這是第一次超越；其次是東周以降，儒家將祭祀行爲視作是人向自我本質回歸與超越的實踐之道。它是以「人心」與人的內在情感爲依據，超越巫祝傳統，將傳統意義上的事神求福心神意念轉換爲祭祀主體成就德性之進路。從宗教意義上的功能到追求內在德性培育的自覺，這是先秦祭祀理念上的第二次超越。至此，先秦祭祀完成從宗教向人文的觀念突破，使中國古代祭禮呈現出有別於西方宗教祭祀的獨特面貌。

兩周祭祀觀念的內轉傾向，也體現於祭祀用樂觀念之內轉。西周之前，祭祀用「樂」本爲娛神，以樂感應和神靈。《禮記·禮運》云：「列其琴瑟，管磬鐘鼓」，而後「以降上神與其先祖」〔註31〕；西周之後，「樂」與德互爲表裏、合爲一體，《禮記·樂記》云：「樂者，所以象德也」，樂是內在德性之表徵，「以彰功德」，即所謂「德音之謂樂」〔註32〕。時至西周，在原來宗教意義上的樂舞事神基礎上，周人以「德」的理念注入祭祀用樂，強調郊廟祭祀，必須是德音方可「合神人」。《易·豫卦·象傳》云：「先王以作樂崇德，殷薦之上帝，以配祖考。」《國語·周語下》：「夫有和平之聲，則有蕃殖之財。於是乎道之以中德，詠之以中音，德音不愆，以合神人，神是以寧，民是以聽。」祭祀中，「人神以數合之，以聲昭之，數合聲和」，〔註33〕臻於人神相和的境界。

時至東周，上古先民不僅篤信「樂」作爲「德音」不僅能使人神相和，還能使人心安和，即所謂「古樂龍心」。所謂「龍」，李學勤先生云：『龍』，《詩·酌》傳：『和也。』」〔註34〕意指聽古樂能夠和悅人心、感化人心，使人心得到救治，使人性得到救贖。儒家認爲，人稟天地之秀，爲萬物之靈，人道可以實施教化。《性自命出》云：「唯人道爲可道也。」「凡道，心術爲主。」《禮記·樂記》云：「夫民有血氣心知之性，而無喜怒哀樂之常，應感起物而動，然後心術形焉。」〔註35〕正是基於人道教化須以「心術」爲主的認識，儒家認爲，祭祀用古樂的目的在於「治心」、「求心」。《禮記·祭義》曰：

> 致樂以治心，則易直子諒之心油然生矣。易直子諒之心生則樂，

〔註31〕《禮記·禮運》。
〔註32〕《禮記·樂記》。
〔註33〕《國語·周語下》。
〔註34〕李學勤：《郭店簡與〈樂記〉》，《李學勤文集》，439～440頁，上海辭書出版社，2005年。
〔註35〕《禮記·樂記》。

樂則安，安則久，久則天，天則神。天則不言而信，神則不怒而威，
致樂以治心者也。

詩、歌、舞都源於人的內心，詩樂舞可抒發內心志意，歌曲吟唱心中的
聲音，舞蹈表達內心的狀態。故情感深厚就會文采鮮明，氣度宏大就會參化
神明，和順的情感累積在心中，就會有美好的神采表現出來。故治心之道在
「樂」，即心感於外物而形成的諸種情態上。

殷商之際，上古先民祭祀用「樂」目的在於娛樂鬼神，濡染「肅雍和鳴」
的氣氛以「合神人」，西周以降，上古先民祭祀用「樂」，禮樂相須，「禮樂交
錯於中」〔註36〕，意在「作禮樂以文之」，藉樂、心、情的互動來引導人心之
正，從而「節民心」，回覆「人道之正」，提升文明素養。從「嘉樂鬼神」到
「古樂龍心」，上古之「樂」從超驗性到人文性，演化著「承樂以文」的內在
精神流變。

二、「文」：「古之所謂文者，非特語言之工」──從「經緯天地曰文」到「詩書禮樂謂之文」

在中國數千年的思想文化史中，「文」是一個包羅萬象的意念，文，在甲
骨文中意指祭祀儀式中的文身行為，是對身體的一種修飾。在原始社會裏，
文身與原始圖騰觀念相連，用於重大時刻、重要場合：戰爭、宴會、少年進
入成年的儀式等，是一種帶有社會意義的禮儀儀式。文作為原始社會圖騰巫
術儀式、奴隸社會文物昭德的禮儀制度既內涵神祈性的宗教底蘊，也內涵著
倫理性、審美性等精神意象。《逸周書・諡法解》曰：經緯天地曰文；道德博
聞曰文；慈惠愛民曰文；愍民惠禮曰文；賜民爵位曰文；勤學好問曰文；博
聞多見曰文；忠信接禮曰文；能定典禮曰文；經邦定譽曰文；敏而好學曰文；
施而中禮曰文；修德來遠曰文；剛柔相濟曰文；修治班制曰文；德美才秀曰
文；萬邦為憲、帝德運廣曰文；堅強不暴曰文；徽柔懿恭曰文；聖謨丕顯曰
文；化成天下曰文；純穆不已曰文；克嗣徽音曰文；敬直慈惠曰文；與賢同
升曰文；紹修聖緒曰文；聲教四訖曰文。在此，「文」既是一種令人高山仰止
的人格修為與精神境界，同時也是自然萬物、人倫社會運行發展的「根本之
道」。「文」由此概括了漢文文化的全部精神內涵。舉凡人類社會中的種種政
治制度、觀念形態、文化現象、風俗習慣、生活方式，都可以「文」指稱之。

〔註36〕《禮記・文王世子》。

以至於明朝的宋濂在《文原》中寫道：故凡有人的一切彌綸範圍之具，囿乎文，非文之外別有其他也。「文」的精神內涵雖然如此博大而包羅萬象，但概括而言，「文」之意涵大體可分爲文身之「文」、天地之「文」、人文之「文」、文化之「文」

（一）文身之「文」：「文」的神祈意蘊

在上古先民的精神境域中，「文」並非不僅僅是一種文字符號，而是神人相通的精神向度。「文」內涵著形而上宗教意蘊，所謂「思文后稷，克配彼天」〔註37〕、「秉文之德，對越在天」。〔註38〕上古先哲正是希冀於通過「文」來通達天地，從而回應天命神意。「文」在甲骨文中的原始含義，當爲祭祀儀式中內涵宗教神祈意蘊的文身習俗。

宗教是人類文明的搖籃，沒有宗教神靈意識的萌芽，也就沒有人類精神境域的開啓，宗教是早期人類社會得以建構的精神紐帶。人類學大師泰勒曾指出：上古先民出於對夢境、幻覺與死亡等現象的感悟，從而形成了「泛靈信仰」，他們相信，世界上任何一種物體——不管是生物或非生物、實體或自然現象——均有靈魂。這些靈魂各具特質，各有其願望和目的。它們擁有某些魔力，可將禍福於人。在這種「泛靈信仰」的基礎上，進一步發展出對神的崇拜。〔註39〕泰勒關於上古先民「泛靈信仰」的人類學揭示具有普世性的價值意義。「泛靈信仰」也是上古中國先民精神信仰的典型特徵。萬物有靈的精神意念相繼產生了圖騰崇拜、自然崇拜、祖先崇拜等原始宗教形式。在原始神靈觀念的感召下，上古先民的文身祭祀儀式應運而生。然而文身是一種極爲古老的祭祀儀式，其內在意蘊已難以考論，但在現代少數民族的原始文化遺存中，卻還保留著文身的殘迹。在當今的臺灣社會中，仍然有些少數民族保留著文身的習俗，我們可以借助於這些活的「社會化石」，包括他們的神話傳說，洞見原始宗教信仰產生和發展的歷史輪廓，從而發掘文身習俗的原始宗教神韻。據《小琉球漫志》記載鳳山內山排灣族的文身習俗云：文身命之祖父，忍痛刺之云不敢背祖也。《海搓餘錄》也記載黎族男女周歲即文其身，自云不然則上世祖宗不認其爲子孫，而永爲野鬼。可見，文身是祖傳的遺習，不可不行。臺灣少數民族除相信祖神外，還相信祖神會附託在動物、植物以

〔註37〕《詩經·周頌·思文》。
〔註38〕《詩經·周頌·清廟》。
〔註39〕參閱泰勒：《原始文化》，連樹生等譯，上海文藝出版社，1992年版。

及其他自然物體上，因此，圖騰崇拜也較普遍。圖騰崇拜是作爲氏族制度的
附屬物而出現的，它是最原始的宗教形式之一。在神靈觀念的支配下，臺灣
少數民族的圖騰崇拜，實際上是與自然崇拜、祖先崇拜緊緊結合在一起的。
圖騰是骨架，信仰附於其上而表現爲宗教，也就是相信人與某種動、植物有
密切的親族關係，將所崇拜的某種動、植物視爲本民族的共同始祖。遠古先
民以文身的方式將所崇拜的圖騰形象刻畫肉體之上，冀圖其靈魂常附於自
身，而受到其庇護。由於文身內涵著祖先崇拜、圖騰信仰等神祇意蘊，從而
使文身成爲宗教祭祀中的重要儀式活動。

　　「有祭祀也就必有樂舞」，這是一個普世性的宗教文化現象。在人類的上
古時代，歌、樂、舞還總是作爲祭神儀式的主要組成部分而出現。恩格斯曾
說過：「舞蹈尤其是一切宗教祭典的主要組成部分。」〔註40〕西方文化人類學
學者馬克斯・德索在《美學與藝術理論》一書中認爲，在原始部族中，戲劇、
舞蹈、音樂形成了一種協調的綜合藝術，它一般說來總是和宗教儀式有關。
摩爾根也指出：「舞蹈是美洲土著的一種敬神的儀式，也是各種宗教的慶典中
的一項節目。……與他們的宗教信仰和崇拜神明的制度有著直接的關係。」
顧希佳在其《祭壇古歌與中國文化》一書中亦寫道：

　　　　祭祀儀式中要唱歌，這也幾乎是一種世界性的現象。它是從祭
　　祀儀式中的禱詞、咒語發展而來的。可以設想：人類要跟神靈溝通，
　　讓神靈知道自己的需求和願望，就必須在儀式上把自己的這層意思
　　表達出來。表達的方式，不外乎是手勢、語言。手勢和身體姿勢的
　　進一步發展，就是舞蹈和繪畫；語言的進一步發展，就是歌唱，這
　　是很自然的。〔註41〕

可見，在歌、樂、舞中，舞又是作爲主要的要素與原始祭祀有著緊密關
聯。在上古中國，樂舞更是祭祀儀式中的重要組成部分。《周禮・大司樂》中
曰：「乃奏黃鍾，歌大呂，舞《雲門》，以祀天神；乃奏大蔟，歌應鍾，舞《咸
池》，以祭地示」〔註42〕。在祭祀地祇之神時，歌、樂、舞合爲一體，可以想
見場面之隆重、盛大、壯觀。近代國學大師劉師培在《舞法起源於祀法考》
中也做了結論性的考證斷言：三代以前之樂舞，無一不源於祀法。

〔註40〕《馬克思恩格斯選集》，第 4 卷，人民文學出版社，1972 年，第 88 頁。
〔註41〕顧希佳：《祭壇古歌與中國文化》，人民出版社，2000 年，第 77 頁。
〔註42〕《周禮注疏》，《十三經注疏》本，中華書局 1980 年版。

在祭祀中，主持活動的祭師需要文身，然後才能領舞。參加祭祀的人也要文身，邊舞邊助之以樂。整個祭祀活動中，文身之人處於核心地位。與之同時，按照祭祀儀軌，在祭祀儀式中，人身上所文飾的形象符號，要與祭器上的符號一致，其深層意旨也必須與祭祀之樂同質。如此，文飾的形象符號體現了整個祭祀活動的神祈意向。故「文」即為祭祀之禮。禮，是從祭器的維度來象徵神祈意向；而「文」則是從祭師，即人的維度來象徵祭祀的神祈意向。主持祭祀活動的是祭師，祭師乃文飾之人，故「文」在原始祭祀中占著中心地位。由於「文」在中國原始宗教儀式中的核心，從而使「文」成為中國傳統文化中的一個核心意念。「文」的這一宗教神啟意蘊歷經歲月的沉澱，隨著人文意識的萌醒，時至殷周之際逐漸凝聚為一種對「文」的崇聖情結。《論語‧八佾》記孔子曰：「周監於二代，郁郁乎文哉！」《禮記‧表記》云：「殷周之文，至矣。」秦、漢以降之人也每有「周道文」〔註43〕、「周人尚文」〔註44〕、「周極文」、「周貴文」〔註45〕的說法。

（二）天地之文：「文」的本體論意義

古之「文」與今之「文」有著極為重大的差異：「古之所謂文者，非特語言之工」。〔註46〕古之「文」有著極為高遠浩大的精神境界，何謂古之「文」？「日月星辰天之文也，五嶽四瀆地之文也」。〔註47〕在古代先哲看來，「文」已不再是一種精神理念的表達，「文」乃宇宙萬物之本體，所謂「文之為德也大矣，與地天並生者何哉？夫玄黃色雜，方圓體分，日月疊璧，以垂麗天之象；山川煥綺，以鋪理地之形。此蓋道之文也。仰觀吐曜，俯察含章，高卑定位，故兩儀既生矣。惟人參之，性靈所鍾，是謂三才，為五行之秀，實天地之心。心生而言立，言立而文明，自然之道也」〔註48〕天地因為有了人才有了靈性和秩序，因而垂象萬千；而人因為有了語文才能進入了一個有秩序、有意義、有價值的人文世界。世界只有進入語文的世界，才能表現為人類的世界。人類永遠是以語文的方式擁有世界，倘若沒有語文來描述和呈現這個世界，那麼，整個世界便會沉入一片混沌不清的冥冥之中。故《易‧賁卦‧

〔註43〕《史記‧梁孝王世家》。

〔註44〕《史記‧梁孝王世家》索隱。

〔註45〕《禮記‧王制》孔穎達疏。

〔註46〕張栻：《雙鳳亭記》，引自《湖廣通志》卷160。

〔註47〕張彥遠：《法書要錄》，人民美術出版社，1986年，第158頁。

〔註48〕劉勰：《文心雕龍‧原道》。

象傳》曰:剛柔交錯,天文也;文明以止,人文也。觀乎天文,以察時變;
觀乎人文,以化成天下。

　　從文字學角度來考證,我們可得知,「文」的本體論意涵有著極為悠遠的
發生學淵源。許慎在《說文解字》中說:文,錯畫也,象交文。意指由線條
交錯組合而成的一種圖案。因此「文」從字形上看,它即是一種具象的摹寫,
「黃帝之史倉頡見鳥獸蹄迒之迹,知分理之可相別異也,初造書契,依類象
形,故謂之文」。〔註49〕在此有兩點須仔細加以探究:一是無論倉頡確有其人
抑或傳說假託,但都說明「文」不是人的憑空造作,人是在自然世界中「見」
到了「鳥獸蹄迒之迹」後將其摹寫為「文」。二是「依類象形故謂之文」,說
的不僅僅是「文」這個字,而是說所有按照這一原理創造的「文字」。所謂「依
類象形」指的是對自然萬物的真實寫照,一種建築在理解感悟、分析概括基
礎上的寫實。故《周易》中寫道:通其變,遂成天地之文。孔穎達在《周易
正義》作了如下詮釋:「通其變者,由交錯總具通極其陰陽相變也。遂成天地
之文者,以其相變,故能遂成就天地之文,若青赤相雜,故稱文也。」《易‧
繫辭》中說:物相雜,故曰文。任何事物的形式只要具有某種「錯畫」性或
修飾性,均可稱之「文」。可見,在上古先民的觀念意識中,天象地貌、鳥獸
蟲魚、花草樹木等具有「錯畫」性質的天地萬物都可被稱為「文」,從而使文
具有了與天地並立的本體論高度。

　　中國文字是象形文字,象形之文來自於對天地萬物特徵的臨摹描繪,它
是對天地萬物予以高度的視覺概括和意識概括之後的符號化呈示,在構形示
意的本質上具有本體呈現的性質。《易》曰:「古者伏羲氏之王天下也,仰則
觀象於天,俯則觀法於地,觀鳥獸之文與地之宜,近取諸身,遠取諸物,於
是始作八卦」,「以通神明之德,以類萬物之情」。〔註50〕在中國古典神話傳說
中,遠古先王伏羲氏為了治世之道,他仰觀天象,俯察地理,在俯仰天地之
間了悟人間萬象,並將天道、人倫之理以八卦卦象這一象形文字符號顯明於
世。故《易‧賁卦‧象傳》中曰:「剛柔交錯,天文也;文明以止,人文也。
觀乎天文,以察時變;觀乎人文,以化成天下。」〔註51〕由對「天文」這一
宇宙自然規律的觀察理解與把握,推論到對「人文」的創立、設制、與推展,

〔註49〕許慎:《說文解字》。
〔註50〕《易‧繫辭傳》。
〔註51〕《易‧賁卦‧象傳》。

從而開啓中國傳統文化天、地、人一體的精神主脈與心理定勢。與熱衷於探索宇宙奧秘的西方哲學不同，中國傳統的思想文化總是執著於在天、地、人關係中爲人尋找安身立命的精神家園，從而使「萬物本乎一體」成爲中國傳統文化的思想主題與精神依歸。

西方著名思想家榮格認爲，人先於天地具有一套心理機制，能夠容存祖先流傳下來的生活與行爲模式，從而使人類的集體經驗獲得在心理深層的積澱。榮格這種觀點爲人們理解各民族的文化心態開啓了一個十分重要的理論通道。「天」和「地」是中國古代經典中反覆出現的「原始意象」。中國古代的先民們在長期的農業文明中生存和發展，大自然是人們賴以爲生的命脈。他們身處天地之間，深切感悟和體驗到人類的生存和生命的意義就是要「效法天地」、「天人合一」。《易‧象傳》中曰：天行健，君子以自強不息；地勢坤，君子以厚德載物。「自強不息」、「厚德載物」能夠內化爲華夏民族重要的民族精神，尤其構成中國傳統士大夫生命歷程中的重要精神支柱，其深層原因就在於古代的仁人君子在俯仰天地之間執著於在天、地、人關係中爲人尋找安身立命的精神家園，從而使「萬物本乎一體」成爲中國傳統文化的思想主題與精神依歸。

（三）「詩書禮樂謂之文」：人文文化之「文」

「詩書禮樂」作爲四項文化要素，化育了中國傳統人文文化的內在心魂與基本形態。「人文」一詞最早出現在《易經》中。《易經》賁卦的象辭上講：「剛柔交錯，天文也；文明以止，人文也。觀乎天文以察時變，觀乎人文以化成天下。」〔註 52〕人文與天文相對，天文是指天道自然，人文是指人類的文明、文化。人文區別於自然，有人倫之意；區別於武略攻伐，有文治教化之義；區別於神理，有精神教化之義；區別於質樸、野蠻，有文明、文雅之義。人文的創生預示著人類文明的起源，標誌著人類文明時代與野蠻時代的區別。

文化是一個非常寬泛的概念，給它下一個嚴格和精確的定義是一件非常困難的事情。不少哲學家、社會學家、人類學家、歷史學家和語言學家一直努力，試圖從各自學科的維度來界定文化的概念內涵。然而，迄今爲止仍沒有獲得一個公認的、令人滿意的定義。據統計，有關「文化」的各種不同的

〔註52〕《易‧賁卦‧象傳》。

定義至少有二百多種。籠統地說，文化是一種社會現象，也是一種歷史現象，沉澱於人類的歷史長河中。從哲學維度來解釋文化，文化從本質上講即是哲學思想的表現形式；從存在主義的角度而言，文化即是對一個人或一群人的存在方式的描述。人們存在於自然中，同時也存在於歷史和時代中。時間是一個人或一群人存在於自然中的線性維度；社會、國家和民族（家族）是一個人或一群人存在於歷史和時代中的另一個重要空間維度。文化是指人們在這種存在過程中的表述方式、行為方式、認知方式。從廣義來說，人類在社會歷史發展歷程中所創造的一切物質財富與精神財富都可稱之為文化；而狹義的文化僅指人類的精神文化，包括宗教、信仰、風俗習慣、道德情操、學術思想、文學藝術、科學技術、各種制度等。廣義的文化，著眼於人類與一般動物、人類社會與自然界的本質區別，著眼於人類卓立於自然的獨特的生存方式，其涵蓋面非常廣泛，所以又被稱為大文化。這一「大文化」在中國古典文化語境中，一字以蔽之，即以「文」來概括。

在上古中國語境中，「文化」並非是一個合成詞，「文」與「化」各自獨立、分別而用。「文」與「化」並聯使用，較早見之於戰國末年儒生編輯的《易·賁卦·象傳》：「剛柔交錯，天文也；文明以止，人文也。觀乎天文，以察時變；觀乎人文，以化成天下」。〔註53〕西漢以降，「文」與「化」方合成一個整詞，如「聖人之治天下也，先文德而後武力。凡武之興，為不服也。文化不改，然後加誅」〔註54〕，「文化內輯，武功外悠」。〔註55〕這裡的「文化」，或與天造地設的自然對舉，或與無教化的「野蠻」對舉，因此，在漢語語境中，「文化」的本義就是「以文教化」，它表示對人的性情的陶冶，品德的教養，歸屬精神領域之範疇。隨著時間的流變和空間的差異，現在「文化」已成為一個內涵豐富、外延寬廣的多維概念，成為眾多學科探究、闡發、爭鳴的對象。

人是一種文化的存在。「文」象徵著人類社會的不斷發展和演進，象徵著人類本質意義上的向一般動物告別，象徵著人類逐漸掙脫原始、野蠻、愚昧、落後的境況，向著「文明」的前景負重前行。從「文化」內涵的變遷來看，人們將「文」和「化」這兩個字結合在一起，組成一個新詞，其意指「文而

〔註53〕 《易·賁卦·象傳》。
〔註54〕 《說苑·指武》。
〔註55〕 《文選·補之詩》。

化之」，就其詞性而言，原是一個動詞，而非名詞。人們創造這個詞是針對人這個主體，而不是針對其它物質實體或客觀世界，其深切意指是將人自身「文而化之」，即通過「文」來轉化更新人的生命形態，從而實現人性自身的超越，讓人逐漸掙脫原始、野蠻、愚昧、落後的境況。簡而言之，就是將「野人」化成「文明人」。

三、「化」：從「窮神知化」到「察人文以成化」——「化」之古典深意與中國傳統政治文化之內在旨歸

宇宙萬物千變萬化，中國古代先民很早即對「化」有著深刻的理解與感悟。就「化」之本義而言，「狀變而實無別」，包括「狀變」和「實一」兩層內涵，前者是表象，後者是實質，因此這個字就潛含兩層哲學範疇「化」作爲一個哲學範疇，便打通形上與形下、物我彼此、天人、生死、有限無限、本體現象、世俗超越、有待無待等一系列似乎對立的範疇，這即是「化」這個字所潛在的解釋進路。先秦之際，無論是儒家、道家還是佛家，都重視「化」的觀念與「化」的實踐。歷盡歷代先賢聖哲的演繹，中國文化形成了諸如「窮神知化」、「出神入化」、「贊天地之化育」、「大而化之之謂聖」、「天下太平，皆化其上」等一系列內涵「化」之深意的高遠意境。「化」作爲中國人文文明的內在魂靈，在中國人的精神境界中佔有重要地位。「中國人言教，每日教化；言治，每日治化；言天地，則日造化。」〔註56〕在今天，「化」的觀念遺存於中國文化的傳統之中，以語詞的形式存續綿延。

（一）「化」之由來與「化」字的內在意蘊

在中國古典語境中，「化」字由來已久。早在甲文、金文中，即有「化」之古體字。考先秦古籍，「化」、「易」、「變」互爲一體，但又有著精微的內在流變。蓋而言之，「顯明劇烈之更易爲變，隱微緩漸之更易爲化。」〔註57〕《小爾雅・廣詁》：變，易也；《玉篇・言部》：變，化也。「化」、「易」、「變」的內在邏輯推演著中國傳統文化的精神境界。「化」、「易」、「變」之間的精神流變體現天地自然之間，以及人與自然之間的生態變化與轉換，並印記著生命演化、進化及生成性的軌迹。

「化」字，《甲骨文字典》解釋爲：「象人一正一倒之形，所會意不明」。

〔註56〕 錢穆：《晚學盲言》（上），廣西師範大學出版社，2004 年，第 20 頁。
〔註57〕 高樹藩編：《正中形音義綜合大字典》，臺北：正中書局，1984 年，第 53 頁。

〔註58〕朱芳圃在《殷周文字釋叢》中將其解釋為：化象人一正一倒之形，即今俗所謂翻跟。許愼在《說文解字》中將「化」解釋爲：化，教行也。將「化」解釋爲「教」的施行。中國傳統中的「化」的辭典涵義有多種，**然而究其實質則主要有先前所說的教育文化之「化」、「內在感化」之「化」、萬物生化之「化」以及自然流變意義上的「易以道化」之「化」等**。在此基礎上，「化」還被引申爲「生長」、「化育」、「化生」等方面的意涵，如《易傳》中講的「天地感而萬物化生」，《中庸・盡性章》中講的「贊天地之化育」。在孟子之學中，**「化」另有「去除」、「化掉」方面的理解，如《孟子・盡心下》中講：「大而化之之謂聖，聖而不可知之謂神」**〔註59〕；另外還有關於「化育」方法之義。如《孟子・盡心上》中講：「君子之所以教者五：有如時雨化之者，有成德者，有達財者，有問答者，有私菽艾者。」〔註60〕然而，通過一些甲文、金文、鼓文的資料，結合漢字的造字、用字及其演變規律，充分利用當前學術界的訓詁成果，對「化」的原始意義進行考證，並通過先秦古籍出現的「化」字，認定化的本意是「狀變而實無別」。〔註61〕

　　「化」在中國文化中涵義眾多，加之在不同的語境之下所用的「化」的涵義往往有較大差異，因而容易造成人們對「化」之觀念本身的「困惑」，爲了增進對於「化」之觀念的清晰理解，有必要區分出三種不同的「化」，即作爲過程的「化」、作爲結果的「化」以及作爲方式、方法的「化」。首先，作爲「過程」理解的「化」在其眾多含義中佔有較大比重。「韻會」指出：「天地陰陽運行，自有而無，自無而有，萬物生息則爲化」。〔註62〕這裡，將「化」理解爲自有而無，自無而有的生滅過程，認爲萬物自然運演生息的過程就是「化」。道家重視對「化」的過程性理解，認爲包括人在內的萬物都處在一個生化的歷程中，認爲人應該隨順外在的流變，與時俱化。儒家亦強調「化」的過程性理解，儒家重視對人的化導、教化與感化，認識到「化」之功效的取得是需要過程的，需要注重自然性，以漸進的方式促進「化」之效果的達成。日常用語中的「進化」、「轉化」、「潛移默化」等，都表明「化」作爲過

程理解的特性。

其次，作爲結果的「化」。作爲結果的「化」，在《中庸》和《荀子》中均有所體現，《中庸》中講：「動則變，變則化，唯天下之至誠爲能化」〔註63〕。孔穎達疏之爲：「初漸謂之變，變時新舊兩體俱有，變盡舊體而有新體謂之爲化」。〔註64〕《荀子・不苟篇》也講：濟而材盡，長遷而不反其初，則化矣。意思，在「化」的眾多使用語境中較少出現，而且「易」與「化」的其他理解發生混淆，尤其是「易」與「化」的漸變、量變的理解發生混淆。在此處，「化」有著比「變」更深一層的理解，它是「變」之結果的達成，是變的最終達成，這是不能簡單地將「化」理解爲量變、漸變之處。

再次，作爲方式方法的「化」。作爲方式方法的「化」，在儒家典籍之中有著大量的體現，在道家典籍中也偶有論述，《學記》曰：「就賢體遠，足以動眾，未足以化民」。〔註65〕《孟子・盡心上》中講：「君子之所以教者五：有如時雨化之者，有成德者，有達財者，有問答者，有私淑艾者」，所謂「有如時雨化之」，即注重教育的方式與方法，注重以自然流成的方式促進化育效果的達成；道家同樣重視「化」之方法的作用，管子《七法》中講：「漸也，順也，靡也，久也，服也，習也，謂之化」，在《七法》中，管子尤爲指出：「不明於化，而欲變俗易教，猶朝揉輪而夕欲乘車」，〔註66〕強調通過對於個體心理生成規律的把握，以環境的薰染，反覆的修習等方式，促進教化效果的達成。傳統中許多含「化」的語詞，如「德化」、「點化」、「感化」、「化誘」、「化誨」、「化導」、「化除」等，都可理解爲作爲方式方法的「化」，其中「點化」是要促進人的覺醒與頓悟；「感化」是以真摯情感勸導與感染，使人的思想行爲向好的方面轉化；「化導」是給人的自我提升以方便導引；「化除」則是要去除人的偏險蔽痼，以成就人格的完善。

通過以上兩部分對於「化」之觀念的系統梳理，可以總結出「化」的一些基本品性，即：漸進性、潛隱性、過程性、神妙性、自然性五個方面。第一，「化」具有漸進性。「化」字，在根本意義上是一個動詞，「化」本身就是一種運動，宇宙萬「化」以「流行」的方式存在運演，不停地運動變化生息。

〔註63〕 《中庸》。
〔註64〕 《漢語大詞典》（1），上海辭書出版社，1986年，第1107頁。
〔註65〕 《學記》。
〔註66〕 《管子・七法》。

在中國古典文化語境中，「化」與「易」往往息息相通。作爲六經之首的《周易》本身就是言「化」的，正所謂「易以道化」。易者，易也，有變易、有簡易、有不易；變易之中有不易，不易之中有變易，即是化之流行的樣態。「易」是生生之易，「易」是運轉不息的，「化」也以同樣的樣態流行，運轉生息遷轉不已。「化」與「易」都有變的意思，但化與變又有著一定的區別：「化是變之漸，變是化之成，化是今所謂漸變，變是今所謂突變，故變相粗而化精，變著而化微」〔註67〕；第二，「化」具有潛隱性，「化」是不可見的，這是「化」的最重要的品性，「化」以人們不易見不易知的方式發揮效力，流遷運演。錢先生認爲：「由變成化，乃是由人合天，不如大自然，則當由化生變，人類則僅是化生之一種。『變』字終嫌其拘於一曲，流於物質觀，其義淺；『化』字躋於大方，達於精神界，其義深」〔註68〕。第三，「化」具有過程性，無論是具體事物的生息變化，還是化育效果的達成，都是需要經歷時間，需要過程的，而「化」本身的運演以及發生效力都具有過程的屬性。第四，「化」具有神妙性，世間萬物之「化」是「道」在世間的流行，「化」往往以超越主體知覺能力與理解能力的方式存在運演，生息不已。「化」之神妙性多是就一定境界而言的，「化」之神妙性在於，只見其事而不見其功，最後「化」還具有自然性：一則「化」本身就是自然萬物的生滅變化、運轉生息；二則「化」之運行本身就有自然而然的品性，尤其是教化、感化、化育方式方法的採用都是自然而然的，因循規律來達到自然流成的效果。

（二）「神」莫大於「化道」：「化」與「神」

在中國古典文化語境中，「化」與「神」語義相連，例如：超神入化、過化存神、化馳如神、窮神知化、神而化之等等。超神入化，其中「神」爲神妙；「化」爲化境，指的是極高的境界。形容文藝、技藝達到極高的境界；過化存神，其「過」爲經過；其「存」爲保存、具有，意指聖人所到之處，人民無不被感化，而永遠受其精神影響；化馳如神，其「化」爲恩德感化；「馳」爲疾速奔走。舊時比喻道德教化深受百姓歡迎，施行極爲迅速；窮神知化，其中指深究事物的精微道理。在古代人們經常講神而化之，所謂「神而化之」是指神妙莫測而變化，「神」是只見其事而不見其功，「化」之運行也是漸進

〔註67〕唐君毅：《人文精神之重建》（一），廣西師範大學出版社，2005 年，第 153 頁。』

〔註68〕韋政通：《中國的智慧》，吉林文史出版社，1988 年，第 114 頁。

的、潛隱的、人們難以覺察到的;「出神入化」更是日常用語中「神」、「化」連言的語詞,「神」、「化」往往是就人達到一定境界而言的。統而言之,「神」與「化」意蘊交融,精神會通。「化」與「神」不僅語義相連,而且還有著內在的精神會通,「大而化之之謂聖,聖而不可知之謂神」〔註69〕。

「化」與「神」的內在交融有著非常悠遠的神秘淵源。遠在上古,有許多神話傳說,如盤古開天闢地說:「首生盤古,垂死化身,身之諸蟲,因風所感,化爲黎氓」〔註70〕講的是盤古化身。又如女媧造人說:「有神十人,名日女媧之腸,化爲神,處栗廣之野,橫道而處。」〔註71〕「傳女媧人頭蛇身,一日七十化。」〔註72〕講的是女媧化神。這些化都取「化生」和「化成」之義,這表明早在古代的神話傳說中「化」與「神」作爲一種精神意念早已經並聯而生。盤古神話源遠而流長。有關的漢文記載,首先見於公元三世紀吳人徐整的《三五曆紀》及《五運曆年記》。此後,盤古神話、盤古遺迹與有關遺俗,遍及四川、雲南、貴州、廣西、廣東、湖南、湖北、江西、安徽、江蘇、浙江等地,河南、河北也有,但主要是在南方。至今,盤古神話或類似的神話尚廣泛流傳於南方瑤、苗、壯、侗、布依、布朗、普米、哈尼、白、彝各族及漢族人民中。在人們心目中,盤古是「開天闢地」的大神。關於盤古神話,《五運曆年記》有如下記載:「元氣樸鴻,萌芽茲始,遂分天地,肇立乾坤,啓陰感陽,分佈元氣,乃孕中和,是爲人也。首生盤古,垂死化身,氣成風雲,聲爲雷霆。」在這其中,盤古「垂死化身」之說尤爲意味深長!盤古「垂死化身」及類似的神話,至今仍廣泛流傳於我國南方各民族中,尤以彝族的說法爲多。各式各樣的「垂死化身」神話,大約可分爲五類:一是指神物化生諸物。《苗族古歌》說,楓香樹被砍倒後,樹的各個部分變化諸物。並化生了妹榜妹留;二是指神獸化生天地及萬物〔註73〕;三是指神人開天闢地後化生萬物〔註74〕;四是指盤古開天闢地後化生萬物〔註75〕;五是指民族

〔註69〕《孟子·盡心下》。

〔註70〕《繹史》卷,引《王運曆年紀》。

〔註71〕《山海經·大荒西經》。

〔註72〕《楚辭·天問》王逸注。

〔註73〕中國作家協會昆明分會編:《雲南各族民間故事選》,雲南人民出版社,1981年。

〔註74〕黔南布依族苗族自治州文藝研究室編:《布依族古歌敍事歌選》,貴州人民出版社,1982年;羅汛河:《布依族民間故事集》,中國民間文藝出版社,1982年。

先祖垂死化生萬物。〔註 76〕雖然有關盤古開天的神話傳說多種多樣，但都以「化生」這一母題爲核心演繹著神奇的傳說，從而揭示出「神」與「化」之間交融會通的內在關聯。

　　在中國古典文化語境中，「神」之意象先後經歷了鬼神之「神」、妙化之「神」，以及作爲內在主體的「神」（心神）三個階段的演變，這是「神」在後來整個中國文化中最爲重要的三個義項，其共同特徵有妙化性、不測性、整體性、精一性、純粹性、貫通性、主宰性和光明性等等，尤其是其中的「妙化性」更爲深刻、生動揭示出「神」的哲思意境。《易傳》曰：「陰陽不測之謂神」、「知變化之道者，其知神之所爲乎」、「神無方而易無體」等等。臺灣著名學者牟宗三先生在《周易哲學演講錄》中對此有具體分析，他認爲「陰陽不測之謂神」、「知變化之道者，其知神之所爲乎」，這兩句話中的「神」是說「氣化」、「造化」、「妙化」之神。何謂「妙」？就是「神」在萬物後面運用，這個「妙」表示運用的意思，牟宗三先生對於這一問題有著很深刻的感悟：

　　　　妙是個運用，它是個主動，萬物是個被動，萬物要後面有個神在運用才能夠變化，生生不息，有千變萬化，無窮的複雜，無窮的複雜就是神在後面來運用它。所以，神也者妙萬物而爲言者也，這句話有本體的意義。

　　　　中國人瞭解這個神是通過 funkation 這個觀念來瞭解，funkation是作用。這個跟普通說的 funkation 不同，就「神也者妙萬物而爲言者也」說，在萬物後面起作用的神只有一個，不能說妙桌子的這個神跟妙粉筆的那個神是兩個神。這樣一來，這個運用，這個 funkation就著天地萬物而言，就著它能夠妙這個天地萬物而爲言，那麼，這個 funkation 一定是無限的作用。〔註 77〕

　　牟先生結合西方哲學對「神」字的形上意義作了很精妙的分析。陰陽爲氣化、爲變化的具體推動力，「神」則是超越陰陽的道，是變化著事物的整體性所在，陰陽是人的理性和知性思維可以把握的分析性認知，而「神」則超

〔註75〕 劉錫誠：《白族民歌集》及《白族民間故事傳說集》，人民文學出版社，1959年。

〔註76〕 雲南楚雄州文教局：《楚雄民間文學資料》（第一輯），雲南楚雄州文教局，1979年，第18～26頁。

〔註77〕 牟宗三：《周易哲學演講錄》，華東師範大學出版社，2004年，第131頁。

越了人的理性和知性思維。宋代大儒張載在《正蒙》參兩篇中說:「一故神,兩故化」,從「一」(整體性)與「化」(變化性)這兩個角度來把握「神」,可以說這是對《易傳》「陰陽不測之謂神」的很好闡發。「神」的整體性決定了「神」沒有具體性和局限性(無方)。「神」遍在一切,是一切存在的最高統一性,所以《繫辭》又說:「神無方而易無體」,說「唯神也,故不疾而速,不行而至」〔註78〕。「神」有整體性、靈活性、貫通性,同時還有主宰性,是萬物變化之動因,所以又說:「知變化之道者,其知神之所爲乎!」〔註79〕作爲妙化之道的「神」不僅有變化特性,也有「明」的特性,「神明」一詞在《左傳》中就開始出現,但總體上來看,《左傳》中的「神」與「神明」仍有著強烈的人格神意味,而《易傳》中關於「神明」的討論則人格神意味大大減弱。《易傳‧繫辭》中說:於是始作八卦,以通神明之德,以類萬物之情!陰陽合德,而剛柔有體,以體天地之撰,以通神明之德!」,這裡的「神明」已經不再是某具體神靈,而是「妙萬物」的變化妙道之本來體性,《易傳‧繫辭》曰:「聖人以此齋戒,以神明其德和,神而明之,存乎其人」的講法,這是先秦認識觀念的一個重大翻轉,從外在靈異神明轉到認識主體的能動性。人的神而明之,凸顯出人的德性的重要性和根本性,而德性的最高境界就是「窮神知化」,通達、洞悉明瞭變化之道,按宋明理學的講法:「窮神知化,德之盛也」,這就落實到修養論和境界論意義上來了,以神爲變化妙道的講法,在《荀子》中也有明確表述,如開篇《荀子‧勸學》中荀子就說:「神莫大於化道,福莫長於無禍!」其實,這是對其所引《詩經》:神之聽之,介爾景福「的轉折性詮釋。《詩經》中「神之聽之」中的「神」還是人格神,而荀子所說」神莫大於化道」則明顯地繼承《易傳》中「知變化之道者,其知神之所爲乎」以神爲變化之道的理性觀點。荀子還說:「列星隨旋,日月遞照,四時代御,陰陽大化,風雨博施,萬物各得其和以生,各得其養以成,不見其事,而見其功,夫是之謂神!」〔註80〕這裡也是以神爲變化之道,這種意義上的「神」可以說完全擺脫了人格神意味,具有很強的抽象性和哲理性,這種「神」已經變成了形上之道,可以說它是道的妙用功能的體現,有著整體性、靈活性、貫通性、主宰性、不測性、變化性、明照性、無在無不在、無形無象等特點。

〔註78〕 《周易‧繫辭》。
〔註79〕 《周易‧繫辭》。
〔註80〕 《荀子‧天論篇》。

一個「化」字可以集中體現這種「神」觀念的核心思想，因此，可以說「神化」是這種「神」觀念的代表性詞語。

（三）「大化流行」即為道：「化」與「道」

方東美先生謂：「希臘人較為著重存有之靜止自立性，印度與中國人則往往賦予存有一種動態流衍的特性。」〔註81〕東方思想的這種特性在莊子哲學裏尤其明顯。要之，莊子之「大化」是可變之「物的世界」和不變之「道的世界」之統一。在大化的視野內，莊子出乎宇宙人生，進入「道的世界」，但他沒有出世，又入乎宇宙人生，返回「物的世界」，在今生此岸收穫人生。如此，道體在人之生命裏周流，化極而靜，樸極而綺，生命從而綻放於放達澄明的宇宙深境之中。莊子之道是一種生命的哲思，它將有限的存在放達於無限宇宙之中，生命臻於化境，讓生命自我超越，與天地宇宙相溶，從而成就物我一體的大化生命。《莊子》一書「化」凡出現80餘次，尤其是莊子的「大化」意念更是滲透著天地之「道」的高遠境界，飽含著對世間苦難和人生苦短的深沉悲憫，但這種悲憫又不是一種消極與虛無，也不是讓人墮落於及時行樂的沉淪之中，而是讓生命放達於高遠的宇宙深境，將靈魂延展於宇宙八荒，在大化之流的縱浪中收穫生命的本眞。這是有別於儒家的另一種「生生不息」。莊子之道從而開拓華夏文化的另一精神源頭，打開中國傳統文化的新境界。

在先秦文化語境中，「大」、「道」、「化」互為一體，「大」即是「道」，即所謂：「夫道，覆載萬物者也，洋洋乎大哉。」〔註82〕「道」化生萬物、生養萬物，但是「道」又是隱而不可見，「化」以流行的方式變演生息，來運行「道」之理，「化」作為「道」之顯現的理解，形塑「道」即是「化」之內在精義，「萬物所繫，一化所待，指下『道』字。」〔註83〕亙古以來，「大」即為天地無限之精神象徵，即所謂「夫天地者，古之所大也」。〔註84〕上古先民言道，每曰「大道」；言化，每曰「大化」。宇宙之間，「大道」無限，天地無窮，「大化流行」。天地、「大化」都是對「大道」的不同描述。

古往今來，「大化流行」作為一種精神意念早已滲入中華文化的內在心

〔註81〕方東美：《生生之德》，臺北：黎明文化事業公司，1987年，第283頁。
〔註82〕《荀子‧天地》。
〔註83〕王叔岷：《莊子校詮》，臺北：中央研究院歷史語言研究所，1988，第232頁。
〔註84〕《荀子‧天道》。

魂，形塑中國傳統文化的獨特品格。「大化流行」之高遠意境盡在莊子之學。錢穆先生謂：「《老子》書中言化，乃近化成民俗義，非如莊周乃持天地間一種不可知之大化言也。〔註85〕

從表面而言，莊子繼承老子之道的形上意蘊，但從某種意義而言，老子之道乃「君人南面之術」〔註86〕，如果說老子之道在形上的哲思中沉浸著對現世關懷；那麼莊子之道則是超離塵世，昂揚於宇宙萬物之上的精神參悟。莊子之道從天道、大化的高度反思生命，審視存在，進而對物我、生存、自由、生死等問題進行形上的參悟，最後臻至生命之自我的超脫。

「大化」是宇宙存在的自然規則，生命滲入其中，將自然的宇宙法則內化為一種生命存在的當然理則，生命與化俱化，這也就是一種心參「大化」、玄同物我之永恒精神。生命陸沉於人間，而心魂優游於「大化」之中，萬物莫不齊平；人生流於「大化」之中，「大化」無限，是故生命永恒。體悟宇宙「大化」，醒悟到世間惟有變化，並無死生，人生苦短之悲涼與無奈就會釋然化解。

莊子立學之旨在於讓有限的生命跨越於無限境地，讓世俗的生命走向神聖的超越，在畫地為牢的精神囚禁之中實現生存自由。莊子之道的至高境界是「獨與天地精神往來」，在《莊學》之中，「化」是世界萬物的存在方式。易言之，萬物永遠處在「化」中。在莊子看來，天地宇宙之運演，乃是大化流行不息的一種「宇宙精神」。生命惟有投身於大化之中，生命方可無限遠邁於塵世之上，人類的精神意念才能無限深邃。

莊子筆下的宇宙，是大化流行、運移不息的宇宙，這與古希臘哲學家提出的「萬物皆流」觀是截然不同的。「萬物皆流」論是一種素樸的自然哲學，是哲學家對萬物存在方式和本質在「邏各斯」意義上的認知，是思想家的「邏輯理念」〔註87〕而莊子之「大化流行」意念則是深沉的形而上學，是生命與天地相參的超驗意識，是聖哲達人以靈魂洞達的高遠境界。

莊子論「大化」，首指大道周流、萬物遷移的運化過程，這個過程是絕對的、永恒的、無限的；而天地間萬物皆因大化而「偶然犯形」，因此萬物是相對的、偶然的、待定的。莊子之道突破生死玄機，吐露出對一種永恒精神的

〔註85〕錢穆：《莊老通辨》，北京：生活・讀書・新知三聯書店，2005，頁172。
〔註86〕張舜徽：《周秦道論發微》，中華書局，1982，第93頁。
〔註87〕黑格爾著、賀麟譯：《小邏輯》，北京：商務印書館，1980，第199頁。

追求和嚮往。

莊子將宇宙天地以化為本的規則昇華為以虛為化的生命境界，生命與化同流、須臾不離，時間之運演不再宰制生命之流亡，空間之圄圉不再桎梏生命之自由。生命歷程在自由境界中吐納乾坤萬象，乾坤萬象在生命中開顯出欣欣化意。在「大化」之境中，莊子終於開脫對死亡的焦慮與憂患，綻放出來去無意的灑脫與自在。

莊子之道精騖八荒，昂藏萬里，誠有不可一世之概！他以包攬天地、造化萬物的胸懷洞悉千古，遊心立說，後人讀來，用之不竭，歷久彌新。劉彥和論諸子云：「身與世舛，志共道申，標心於萬古之上，送懷於千載之下，金石靡矣，其聲銷乎！」〔註88〕金石已靡，其鳴難消，莊子之道垂之千古，流於萬世，乃是來世之人永遠取之不竭的精神之源。

莊子思想主要為生命哲學，而非政治哲學，因而較少直接談及治道，其本人更是遠離政治。雖然他多言「化」，但與儒家的「經國以文」、「化民成俗」又頗有不同，他甚至抨擊儒家仁義禮樂之說，借崔瞿與老聃的對話，指出「黃帝始以仁義攖人之心」，堯舜「矜其血氣以規法度」，於是刑具禮教叢生，弄得「天下脊脊大亂」，而今世的情況更為慘烈，戴鐐銬的不人計其數，刑戮之人觸目皆是，而仁義聖智則成為統治工具。所以他贊成老子的「我無為而民自化」的主張，發出「絕聖棄知」的呼籲。〔註89〕以為人情世教，當順任自然，勿擾人之本性，要人退仁義，擯禮樂，而體認道之廣大涵容。提出治天下當法天地之自然，順自然而行，與萬化同流。主張無為而治，提出：「夫虛靜恬淡寂寞無為者，萬物之本也，明此以南鄉，堯之為君也；明此以北面，舜之為臣也。以此處上，帝王天子之德也；以此處下，玄聖素王之道也。以此退居而閒遊，則江海山林之士服；以此進為而撫世，則功大名顯而天下一也。靜而聖，動而王，無為也而尊，樸素而天下莫能與之爭美。」〔註90〕莊子談治道，反對他治，反對干涉，反對擾民，提出「聞在宥天下，不聞治天下也」。〔註91〕莊子強烈批評君主「盈嗜欲，長好惡」，借徐?鬼之口抨擊君主「獨為萬乘之主，以苦一國之民，以養耳目口鼻」，甚至發動戰爭，「殺人之

〔註88〕《文心雕龍·諸子》。
〔註89〕《莊子·在宥》。
〔註90〕《莊子·天道》。
〔註91〕《莊子·在宥》。

士民，兼人之土地」，以愛民爲名，實則「害民之始」，糟蹋自己而更造孽他人。〔註92〕莊子進一步發揮了老子「無事」、「無爲」的思想，主張「不累於俗，不飾於物，不苟於人，不忮於眾，願天下之安寧以活民命，人我之養畢足而止」。〔註93〕莊子深刻揭示了人世間的險惡，描述了當世正處於一個人際關係紛爭糾結、權謀獪詐橫行、無辜者慘遭殺戮的戰亂時代，社會已成了人獸的陷阱。〔註94〕

　　莊子主張行不言之教，收潛移默化之功。實際乃無爲而爲，無教而教，無化而化，無治而治。但這卻是治道的至高境界。對於莊子而言，所謂「道術」，就是對於宇宙、人生作全面性、整體性把握的學問；所謂「天人」、「神人」、「至人」、「聖人」，就是能對宇宙人生的變化及其根源和全面性、整體性體認的人。人應該打破功名利祿、權勢尊位的束縛，而獨與天地精神往來，使精神活動臻於齊萬物、一死生、與時俱化、無我無待、優游自在、無掛無礙的境界。莊子這種對浩渺無垠、深邃無止、神秘無解的「形而上」之超驗理性即「道」的追問與追求，對後來儒、釋、道三維一體的中華文化的形成和發展的影響也是既深且巨的。

（四）「樂以致化」：安邦定國之「化」

　　早在先秦時期，孟子即已認識到「仁言，不如仁聲之入人深也」。〔註95〕荀子也深有感悟地說：「夫樂之入人也深，其化人也速」〔註96〕。感情眞摯的藝術能夠深入人心、感化人心，通過「樂」來開展政治傳播，能夠使政治價值觀念深入人心，從而把政治價值觀念內化爲一種政治認同的情感，達到「心悅誠服」的效果。

　　從一定意義而言，人是一種感性的存在。現代心理學研究表明，情感是心理活動的組織者，人的情感傾向決定著自身的價值偏好與行爲取向。在政治社會中，情感的作用與意義尤爲重大。情感是把人們聯繫在一起的「黏合劑」〔註97〕，缺乏共同的情感傾向，政治社會即將分崩離析，政治權力的建構也無從談起。如何透過政治觀念的傳播來培育政治認同的情感傾向，古往

〔註92〕《莊子·徐?鬼》。
〔註93〕《莊子·天下》。
〔註94〕見《莊子·人間世》。
〔註95〕《孟子注疏》，《十三經注疏》本，中華書局 1980 年版。
〔註96〕《荀子集解》·《諸子集成》本，中華書局 1954 年版。
〔註97〕喬納森·特納：《情感社會學》。

今來始終是一個永恒的重大政治問題。雖然先秦儒家學者對「政治傳播」這一術語缺乏概念上的認知與理論上的自覺意識，但對於政治意義的情感轉化卻有著較為深入而完整的闡釋。

長久以來，在人們的慣性思維中，人們常常把權力理解為一種強制力，其實就其根本而言，政治權力乃是一種認同情感的存在。雖然強制力是權力的基本構成要素，但權力不等同於強制力，尤其是強制性的暴力只會衍生政治上的叢林規則，而無法建構一個人性化的政治社會。權力意志只有內化為一種「心悅誠服」的認同情感方可確立其政治統治的正當性。政治正當性問題已「成為人類考問自己為什麼要有政治、什麼樣的政治才是合理的政治、政治的本質和目的到底是什麼，人們為什麼要接受現實的政治等政治價值問題的基本命題」〔註98〕。政治統治的正當性意味著權力客體對權力主體的心理認可與自願服從，如果「一個集體的大多數人認為一種權力、一種權威和一種等級制是合情合理的」〔註99〕，它就會自願服從這個統治秩序。著名思想家馬克斯・韋伯認為被統治者除了對權力的外在服從外，還應當內在地對權力的統治具有發自內心的不可動搖的信任和深厚持久的忠誠，如果缺失這種堅定的忠誠情感與信仰基礎，那麼權力的統治只是一種赤裸裸的暴力，服從也只是一種被動的屈從。暴力雖然能帶來一時的安定，但卻無法獲得社會的長治久安。暴力只會滋生敵意與仇恨，但卻無法贏得對統治秩序的忠誠情感，政治統治的正當性更是無從談起。美國著名政治學家查爾斯・梅里雅姆在其《政治權力》一書中曾指出：強制性的力量在帶來敵對意識和不滿等問題上，可能會動搖其權力的基礎。更為嚴重的是，暴力統治只會衍生政治生態上相互殘殺的「獸性規則」，由此所帶來的內部消耗必然導致政治統治的土崩瓦解。一個政治共同體只有具有堅強的內聚力，方可迎接外部挑戰，當內部由於暴力而滋生敵意與仇恨時，其內聚力便逐漸瓦解，一旦遭遇外部挑戰，便不戰自潰，分崩離析。

政治內聚力問題是政治領域中的根本問題，政治內聚力是國家、政權等一切政治體系存在、發展的根本；政治價值觀則是政治體系得以凝聚的精神紐帶。任何政治共同體只有贏得廣大民眾的認同，才有可能順利地開展各種

〔註98〕戴木禾：《政治文明的正當性》，江西高校出版社，2004年，第66頁。

〔註99〕莫里斯・迪韋爾熱：《政治社會學──政治學要素》，楊祖功等譯，東方出版社，2007年，第83頁。

活動，行使各項職能，從而獲得政治的穩定與社會的安寧。政治認同就其根本而言是政治價值觀的認同，如果說政治是上層建築，那麼政治價值觀就是這座上層建築的「鋼筋混凝土」，沒有政治價值觀的認同，任何政治團體都形同散沙。

價值觀是社會成員在社會活動中形成的對某類事物的價值信念、價值標準和一般價值規範的思維定勢。價值觀念作爲人們進行價值判斷、價值選擇的衡量標準與心理定勢，是在價值認識基礎上積澱而成的一種深層心理結構。價值觀建構了人們的行爲準則，是人的思想意識的核心要素。社會是由一個個成員構成的，多數社會成員所奉行的價值觀對整個社會的政治發展態勢具有決定性的影響，它規約著政治社會的未來走向。

社會價值觀是社會發展的精神動力。從個體層面而言，價值觀表現爲一定的價值目標與價值追求，是社會主體前進的精神動力。價值追求就其內容而言，是對社會主體利益的追求，因而它能激發社會主體積極進取的奮鬥精神。人只珍視有價值的事物，有價值的事物才能激發社會主體的興趣，無價值的事物必然遭到人們的厭棄。價值是社會主體利益的展現，價值的追求激發了社會主體積極進取的內在活力，鼓舞人們、推動人們的社會意識行動。價值觀念作爲一種行爲準則是規約社會主體行爲的自覺意識，在潛移默化中決定人們應該做什麼、不應該做什麼，支持什麼、反對什麼。從社會層面而言，價值觀是維繫人類社會的精神紐帶，是各種社會形態形成的精神土壤。從人類社會的發展過程來看，每一種新興的社會形態誕生之前，即已經由支撐它的社會主導價值觀規定了發展方向。歐洲文藝復興和隨後的新教改革運動所倡導的社會主流價值觀，在資本主義制度產生的歷史過程中，新興的人本價值觀不僅瓦解了中世紀神權統治的精神枷鎖，而且也爲資本主義制度的建構奠定了思想基礎。在中國古代的宗法社會，以忠孝意識爲核心的宗法觀念已成爲社會主流價值觀，敬宗孝祖的宗法意識是中國古代宗法制度衍生的精神土壤。自殷商以來，祖先崇拜意識不斷得以強化，甚至超越上帝崇拜，從根本而言是宗法政治形成的文化基因。以祖先崇拜爲主體的社會價值觀爲宗法專制政治提供了正當化的思想資源，爲家國一體的政治形態尋找到了精神依託。

價值觀的核心是價值目標、價值追求，它爲社會個體成員確立了價值取向，指明了前行的方向。擁有一定價值觀的人，其行爲是理性而又自覺的。價值觀決定了個體行爲的價值取向，在價值取向的指引下，個體自然會奔向

一定的價值目標，從而使個體行爲具有明確的行爲傾向性。主流價值觀是指在一個社會中占主導地位的價值觀，它反映了一個社會在一定歷史時期的本質要求，引導社會大眾確定一定的價值目的，擇選相應的價值取向。主流價值觀的確立，爲人們進行價值選擇樹立了一個明確的價值評判標準，使人們在紛繁複雜的社會現象面前不再無所適從。

價值觀具有社會規範的功能。所謂規範，就是社會主題行爲的規則、準則、尺度或標準。價值觀內涵一定的價值標準、價值尺度，因而具有價值權衡的功能。價值標準是價值觀的核心內涵，價值標準的確立使個體成員在進行價值判斷時具有鮮明的傾向性。有價值的事物，就會被人們肯定、強化、堅持；不具價值認同的事物就會遭到否定、抑制。個體成員在社會實踐活動總是根據一定的價值判斷調整自身的行爲方式，節制調整某些行爲，強化某些方面的活動，從而在價值判斷中自覺地規範個體行爲。從社會整體角度而言，價值觀決定著人們的倫理道德觀，有什麼樣的價值觀就有什麼樣的倫理道德規範。

價值之所以是價值，就是因爲社會主體認爲價值對人類的生存與發展具有積極有益的作用與影響。自然物在未經社會主體加工改造開發前，還不能轉化爲現實價值，其自然形態往往只具有潛在的價值。爲了滿足人們生存發展的需要，主體必須通過社會實踐活動加工改造客體，創造出滿足主體需要的價值事物。物質價值的創造可豐富、滿足人類的物質生活，爲人類的生存發展提供物質條件。精神價值的創造能夠充實人們的精神生活，提升人們的精神境界，培育人們的審美能力。

在人精神境域的深層底處，潛藏著個人對世事萬物的態度，這一態度即是人的價值信念。價值信念不僅決定著人們的觀念意識，還決定著人們在實踐中的行爲選擇。價值信念是人們在社會實踐活動中形成的思維模式，是人們進行價值判斷、確立價值取向的心理定勢。在現實社會生活中，一種價值觀念只有在潛移默化中沉澱爲深層的情感意識，才能內化爲一種恒定的價值信念，從而成爲社會整合的精神紐帶，社會發展的精神動力。

政治價值觀念的宣揚只是政治傳播的表面層次，如何感化人，如何使政治理念內化爲一種認同的情感才是政治傳播的根本目的所在。就其根本而言，政治傳播的過程即是政治認同情感的生發過程。人的情感有其自身的生發規律，情感的培養和沉澱，不能全然憑藉說理，情感就其本質而言乃是一種內心體驗。美的東西總是帶有感情，而且它常常把不可言狀的情感以具體

生動的形象、鮮明獨特的形式展現出來，讓人如臨其境、如聞其聲、如見其人，使人在心理意象中體驗到審美情感。尤其是審美藝術更能使人類的情感內化，誠如勃蘭兌克所言「所有的藝術都是情感的表現，並有著喚起感情的目的」〔註100〕。在政治傳播中，政治的說教與灌輸不但難以生發政治情感，有時反而會激起牴觸逆反的心理情緒，如果把政治理念以藝術的方式內化爲人們的審美情感，則會使人心悅誠服，從而達到最佳的政治傳播效果，因此在政治傳播中，審美藝術具有極爲重要的意義。

審美藝術具有形象性、愉悅性的特點。人天性不喜歡聽說教，但卻常常沉醉於審美的藝術形象與情感之中。審美藝術契合了人的這種天性的心理欲求。美的形式能夠吸引人的注意力，生動的形象能夠使受眾群體留下鮮明印象，激起受眾群體的興趣與感情共鳴，在感性直覺中領會理性內容。對此高爾基深有體味，他說：文學憑什麼而有力量呢？文學使思想充滿肉和血，它比哲學或科學更能給予思想以巨大的明確性和巨大的說服力。文學比哲學是更多被人閱讀的。而且因其生動性而更能說服人，因而文學是階級傾向的最普及、方便、簡單而常勝的宣傳手段。

從心理學角度來解釋，審美活動之所以能有效地達到政治傳播目的，是因爲審美藝術向受眾群體所傳達的信息是通過「立體通道」傳遞的，即：把信息通過「說理」、「形象」、「情感」三條心理意象通道傳達給受眾群體，使其形成立體的、生氣勃勃的、審美的映象。這種映象內涵理性的骨架、情感的血肉，使受眾群體從心理上樂於親近它，因而產生良好的信息接受狀態與內化流程。在這種情況下，所要傳播的信息便有了它切實的說服力、感染力。在政治傳播中，如果能把生澀抽象的政治理念內化爲審美意境，賦予靜止的名詞概念以審美的意象，就會打動人的靈魂、激蕩人的情感，產生出概念判斷與邏輯論證所難以企及的感染力，強烈而迅速地打動人心，使受眾群體生發情感的共鳴，在心靈的滿足與享受之中得到情感的淨化與精神的感悟，從而迴避政治傳播中赤裸裸的政治說教和思想灌輸，使政治傳播達到內隱化的高妙境界。

審美藝術不僅具有寓教於樂的特點，而且還具有潛移默化的內隱性的特徵。它可以迴避正襟危坐、耳提面命的生硬與造作，把傳播內容以鮮活動人、生動可感的形式表現出來，讓受眾群體沉浸於審美的意境之中，在獲得了美

〔註100〕勃蘭兌克：《十九世紀文學主流》，人民文學出版社，1986年，第38頁。

的享受的同時，也不知不覺地受到薰陶、感染。這種審美的享受既是情感的愉悅，又是理性的感悟，此時，欣賞者並不自覺，但傳播內容所蘊含的思想理念卻在潛移默化中沁入心扉，內化為人們深層的心理情感。

中國古代的先民們對於「審美傳播」這一現代術語雖然還不具備理論意義上的闡釋，但對於通過「樂」這一審美形式來宣揚特定的政治價值觀念，培植政治情感確有著深切的感悟。眾所周知，儒家文化通常被稱之為禮樂文化。在儒家政治文化中，「禮」與「樂」是最為基本的治國之道。然而長久以來，人們只注重「禮」在儒家政治文化中的重大意義，卻忽視了「樂」在治世安邦中的重大意義。其實「樂」在儒家政治文化中的地位與「禮」一樣重大，明太祖朱元璋對於先秦儒家所倡導的禮樂之道曾有過非常透徹的總結：治天下之道，禮樂二者而已。若通於禮而不通於樂，非所以淑人心而出治道。達於樂而不達於禮，非所以振紀綱而立大中。「樂以致治」是儒家政治文化極為獨特的精神品格，其中的奧妙耐人尋味，潛藏著深厚的精神意蘊。

從現代美學的角度而言，包括音樂在內的所有藝術皆是「情感的形式」，「情感、生命、運動和情緒，組成了音樂的意義」〔註101〕。對此早在兩千餘前的先秦的儒家學者也深切地認識到音樂與情感之間的特殊關係，並且認為音樂可引發情感，即「志微噍殺之音作，而民思憂；嘽諧、慢易、繁文、簡節之音作，而民康樂；粗厲、猛起、奮末、廣賁之音作，而民剛毅；廉直、勁正、莊誠之音作，而民肅敬；寬裕、肉好、順成之音作，而民慈愛」〔註102〕。在古代儒家學者看來，音樂發於人的內心，音樂的生發，便是對潛伏於生命深處的人倫之情的激蕩與發揚，因而易使人與人之間油然萌發一種親近和氣的情感，從而化解因身份和社會角色的差別而造成的疏離與隔閡，喚起仁愛德性的回歸，社會遂因之而和睦安定。即所謂「故樂在宗廟之中，君臣上下同聽之，則莫不和敬；閨門之內，父子兄弟同聽之，則莫不和親；鄉里族長之中，少長同聽之，則莫不和順。故樂者，審一以定和者也，比物以飾節者也，合奏以成文者也；足以率一道，足以治萬變」〔註103〕。在傳統中國社會，歷代統治者之所以十分重視「樂」在治世安邦中的重大作用，其中的一大奧妙即是「樂」可生發親和的政治情感。

〔註101〕蘇珊·朗格：《情感與形式》，中國社會出版社，1986，第42頁。
〔註102〕《禮記正義》，《十三經注疏本》本，中華書局1980年版。
〔註103〕《荀子集解》，《諸子集成》本，中華書局1954年版。

　　歷代大一統封建王朝極爲看重「樂」在經國安邦中的地位與作用，更爲重要的奧妙則是「樂」能夠「默化」人的性情。在古代先民看來，「樂」能夠順導人的性情，潛消其鄙吝，默化其粗頑，使人日漸於禮義而不苦其難，入於中和而不乖。「樂」的獨特功能即是在不知不覺中改變人的性情和意志，這種春風化雨、潤物無聲的潛移默化作用是「樂教」所獨具的，是其它禮制說教和刑罰強制手段所難以望其項背的。《樂記》作爲儒家的經典文本，其基本要義之一即是強調要將宗法社會的倫理價值觀念內化於「樂」的審美意境之中，其「目的是通過審美教育使受教育者在『樂』的潛移默化中由審美境界昇華到道德境界」〔註104〕。《荀子·樂記》中說：「夫聲樂之入人也深，其化人也速」〔註105〕。「化」在中國傳統政治文化中具有極爲深遠的思想意蘊，無論是儒家還是道家都非常重視「化」在政治領域中的重大意蘊，《正韻》中說：化，告誥諭使人迴心歸化。可見，「化」是側重於內心世界的變化、精神領域的開化。中國古代的先哲們大都注重於「化」的深遠意蘊。《老子》云：我無爲而民自化。與老子思想不同的是，儒家以積極入世的情懷矢志不移地踐行著以「文」化民、「化成天下」的治世思想。即所謂《周易》「觀乎人文，以化成天下」。〔註106〕孔穎達疏：聖人觀察人文，則詩書禮樂之謂，當法此教而化成天下也。「樂」是「文」的重要意涵之一，從現代傳播學角度而言，「以文化成天下」的主要意涵便是通過「樂」這一審美的方式來傳播思想觀念，使民心歸化，從而實現天下的有效治理。

　　「經世以文，化成天下」可以說是儒家文化乃至整體傳統中國文化的精髓。儒家以「樂教」而施政天下，其中的一個根本政治目的即是在潛移默化中收攏民心、「化成天下」。近代著名學者劉師培在其《學校原始論》中指出：古人以禮爲教民之本，列於六藝之首。豈知上古教民，六藝之中，樂爲最崇，固以樂教爲教民之本哉。此言可謂深識儒家禮樂文化的玄機，切中要義。從人的本性而言，赤裸而生硬的政治說教極易引起人們的反感牴觸情緒，這樣的政治教化自然難以實現政治認同的目的。最爲適當的教化是「寓教於不教之中」，通過審美的意境傳達理性的價值理念，在不知不覺之中使受眾群體感悟到教化的內容，在潛移默化之中達成政治認同的目的，從而實現「化成天下」的理想境界。

〔註104〕韓鍾文：《美善境界的尋求》，齊魯書社，2002年，第74頁。
〔註105〕《荀子集解》，《諸子集成》本，中華書局1954年版。
〔註106〕《周易正義》卷3《賁》象辭，《十三經注疏》本，中華書局1980年版。

可見，儒家「化成天下」的思想內涵著先秦政治傳播觀念的精神要義。

儒家主張「治國先治人，治人先治心」〔註107〕。「心」在傳統中國哲學中是一個極爲重要的理論範疇。在傳統儒家文化中，心作爲人的主體性的標誌，並不是「一團血肉」，它是情感、意志和知性的統一，是人的本質存在〔註108〕。尤其在先秦儒家看來，「心」不僅是人之所以爲人之所在，更是與天道合一的本體存在。《孟子》中說：盡其心者知其性也，知其性則知天矣。由此可見，「心性」問題之於儒家文化而言何等重要。心性問題不僅在儒家倫理思想中具有本體論的高度，在儒家政治思想中也具有極爲重要的地位，所謂欲動天下，當動天下之「心」；得民心者得天下，「民心即天心」。儒家政治思想之特質即在於不僅注意約束人的外在行爲規範，尤爲注重把握和梳理人的心理脈動，即所謂「禮以修行，樂以治心」，「舉而錯之，天下無難矣」。〔註109〕通過「樂」來感化人心，實現政治觀念的情感轉化，從而達到「化成天下」的政治境界。

在人精神境域的深層底處，潛藏著個人對世間萬物的態度，這一態度即是人的價值觀念。價值觀念是人們在社會生活中形成的思維模式，是人們進行價值判斷、確立價值標準的心理定勢。在現實社會生活中，人們會自覺不自覺地對社會事物形成一套自己的看法、期待與判斷，這種價值信念從內心深處決定人們對社會制度、社會現象的具體看法，是擁護還是反對，是合作還是抵制，因此價值信念作爲在價值認識基礎上積澱而成的深層心理結構與認知取向決定著每個社會成員的態度與行爲。價值觀念包涵著豐富的內容與不同的層次。不同層次的內容相互聯繫、相互作用，從而形成一套價值體系。

政治本身即是一個具有濃重價值意味的概念，政治價值理念在政治領域中的地位尤爲重大。對於人類的政治行爲，「不僅應該說明人們怎樣去行動，而且應該說明他們應當怎樣去行動」〔註110〕。「應當」是一個反映人類價值本質的核心範疇，它意指一種價值的可欲性與現實的超越性。事實上，政治不僅是一種事實判斷，同時也是一種價值判斷。從某種意義而言，政治活動即是一種價值的選擇與追問，在政治領域中「首先要研究的主要是選擇、優先性、價值、問題。儘管制度、程序和權力是重要的，但處於

〔註107〕王建疆著：《修養・境界・審美：儒道釋修養美學解讀》，中國社會科學出版社，第147頁。

〔註108〕蒙培元：《論中國哲學主體思維》，《哲學研究》1991年第3期。

〔註109〕《禮記正義》，《十三經注疏本》本，中華書局1980年版。

〔註110〕萬俊人：《現代西方倫理學史》（上），北京大學出版社，1990年，第229。

第二位」〔註111〕。價值問題之於政治具有極為重大的意義，政治價值理念一經確立，即成為政治社會中的一種「非正式制度」，這種「非正式制度包括行為準則、倫理規範、風俗習慣和慣例」，「它構成了一個社會文化遺產的一部分併具有強大的生命力」，「是得到社會認可的行為規範和內心行為標準」〔註112〕。這種「內心的行為標準」指導著社會成員的行為趨向，規範著社會成員的行為方式，是一定的社會系統得以運轉、一定的社會秩序得以維持的基本精神依託，它決定著社會的整體走向與未來發展趨勢。

社會價值觀在人類社會中的地位與作用雖然如此重要，但作為一種客體其本身並不具有任何作用，一種理念只有「內化」為一種情感、「內化」為社會成員深層的心理結構才能成為一種力量、一種維繫社會穩定與發展的中堅力量。否則，任何社會價值觀都只不過是一種忽生忽滅的零散意識，一種游離於主體之外的空洞符號，無法對社會成員發揮應有的影響。

政治情感問題是政治傳播中的一個根本問題，如何形成與改變政治情感即是實施政治社會化的邏輯起點，也是施行政治傳播的精神依歸。儒家的政治傳播理念尤為注重情感問題。對於儒家的禮樂文化，我們往往只注重其思想內容，而較少關注禮樂文化所內涵的情感底蘊。眾所皆知，儒家禮樂文化是中國封建社會的靈魂，沒有儒家禮樂文化的依託，中國的宗法社會難以維繫。儒家禮樂文化之所以對傳統中國社會有著如此重大的意義，不僅僅在於儒家禮樂文化為傳統中國社會建構了一套完整的社會價值觀，更為關鍵的是儒家的禮樂文化為傳統中國社會尋找到了情感的依歸。

「忠孝」觀念是上古王權社會的價值核心，「孝」是「忠」的情感基礎，「其為人也孝悌，而好犯上者，鮮矣；不好犯上，而好作亂者，未之有也。君子務本，本立而道生。孝悌也者，其為仁之本與」〔註113〕。面對自己的親人，「仁」顯現為對父母的孝敬以及對兄弟的友愛；面對往世的先祖，「仁」即是是一種由凡俗之情向天命神道的超拔，一種向生之初的情感回歸，「萬物本乎天，人本乎祖，此所以配上帝也。郊之祭也，大報本反始也」〔註114〕，《禮

〔註111〕 萊斯利・里普森：《政治學的重大問題———政治學導論》，華夏出版社，2001
　　　　年，第 21 頁。
〔註112〕 格拉斯・C・諾思：《制度、制度變遷與經濟績效》，上海三聯書店 1994 年版，
　　　　第 64。
〔註113〕 《論語注疏》，《十三經注疏本》本，中華書局 1980 年版。
〔註114〕 《禮記正義》，《十三經注疏本》本，中華書局 1980 年版。

記本義》曰：人本於祖，物本於天，以配本故也。儒家的祭祀之禮，正是要
通過「報本反始」的追思與緬懷，使敬祖孝親之心升騰為一種超越現實的神
聖情感，在這種「神聖」情感之中使儒家「仁」的價值理念深植於人們的靈
魂深處。在傳統中國社會，敬祖孝親意識的領受，除了日常生活中的教導外，
祖先祭祀儀式更是深化敬祖孝親意識最為重要的方式與途徑。在祖先祭祀儀
式中，敬祖孝親的意識被神聖化，宗族成員對宗族的歸屬感得到極大的強化，
宗法政治的倫理觀念在這種歸屬情感之中得到深刻的確認。

　　「祀之與戎，乃國之大事」，在中國古代的社會，「國」是「家」的放大，
家族意識、宗法觀念是維繫傳統中國社會的精神紐帶與情感依歸，祭祀先祖在
宗法社會中被視為首要的「國之大事」自然也就是情理之中的事。緬懷先祖，
即是正本清源，深植家族意識，尋找生命之根，從而強化個體成員對家族的認
同感與依賴感；祭祀先祖之亡靈，慎終追遠，尋求個體生命的歸宿與人生終極
指向，如此才能安生立命。「是故君子合諸天道，春禘秋嘗。霜露既降，君子履
之，必有悽愴之心，非其寒之謂也；春雨秋露既濡，君子履之，必有怵惕之心，
如將見之，樂以迎來，哀以送往」〔註115〕。在悽愴之悲情與怵惕之心境的純然
昇華之下，古代先民回溯自我生命之源，仰承天命之賜，感悟天德之純厚，涵
養性情之至誠，而後「返古復始」，與天命天德渾然合為一體，從而使祭祀先祖
的禮樂儀式具有一種形而上的宗教情感。中國傳統的禮樂文化可謂博大精深、
意韻深長。但就其內在精髓而言可歸結為一句話：經世以文，化成天下。《周易》
「觀乎人文，以化成天下」。〔註116〕文一化一成可以說是中國傳統文化的基本
要義，當然也是中國傳統政治文化的內在精髓所在。所謂「以文化成天下」，概
而言之，就是通過「文」來施行「化」並達到天下的成功治理。在古漢語中，「樂」
是「文」的基本內涵之一，即所謂：道之顯者謂之文，蓋禮樂制度之謂。就此
而言，「文」即是指一種藝術形態。從現代傳播學角度而言，「以文化成天下」
可以解讀為通過審美的意境傳達理性的政治價值理念，從而實現民心歸化、天
下化成的政治境界。從人的本性而言，最巧妙的政治傳播就是「寓教於樂」，通
過審美的意境使受眾群體在潛移默化之中實現政治認同的精神依歸，從而成功
地達到「以文化成天下」的理想政治境界。

〔註115〕《禮記正義》，《十三經注疏本》本，中華書局 1980 年版。
〔註116〕《周易正義》卷3《賁》象辭，《十三經注疏本》本，中華書局 1980 年版。

第五章 「上德不厚而行武，非道也」 ——「經世以文、化成天下」會通尚「文」政治精神主題

　　史載：天下明德，皆自虞舜始。舜帝爲人治政之道的歷史典故開啓中國傳統政治之精神源頭。往事越千年，周文王積德行善之文治政治上承舜帝「修政偃兵」之政道，下啓周公制禮作樂之政治定制，開掘中國尚「文」政治傳統精神主脈。堯、舜、禹、湯、文、武、周公之道千古承傳，「樂治」與「文治」一脈相連。在中國古典文化語境中，「樂治」與「文治」雖然稱謂不同，但卻殊途而同歸，有著共通的基本要義，這就是武力征伐無法服眾，惟有以天下爲公，施行仁政，造福萬民，天下悅之，民眾從之，方可平治天下，即所謂「堯舜之道，不以仁政，不能平治天下」。〔註1〕舜帝歸化南國與文王文治天下的歷史典故奠定中國傳統政治的價值基石，引領中國傳統政治歷史走向，形塑中國尚文政治傳統的精神主脈——經世以「文」、化成天下。中國的傳統政治，我們可稱之爲是一種「文化政治」〔註2〕。《易》曰：「觀乎天文，以察時變；觀乎人文，以化成天下」。〔註3〕經世以「文」、化成天下是其基本原理和要義。在中國古代先賢聖哲看來，治國安邦的理想模式是「經國以文」，天下治理的最高境界是「化成天下」。「經國以文、化成天下」凝結了中國政治傳統的「文化基因」，形塑了中國傳統政治文化、乃至整個中國文化的基本要義與內在精髓。

〔註1〕《孟子·離婁上》。
〔註2〕陳飛：《古「文」實義說略》，載《中國社會科學》，2007年，第4期。
〔註3〕《易經·賁卦》。

一、「堯舜之道，不以仁政，不能平治天下」──「祖述堯舜」演繹尚「文」政治傳統的精神源頭

中國自古流傳著「三皇五帝」的傳說，在這類傳說中很多都涉及「先王之樂」。尤其是舜帝「歌《南風》之詩而天下治」的「樂治」事迹被歷代先賢聖哲所傳頌，舜帝「偃武修文」歷史典故歷經千古承傳與歷代詮釋逐漸沉澱爲「舜帝文化」。作爲一種政治倫理文化，「舜帝文化」是由野蠻走向文明的歷史轉折時期的中華文化。在五千年的中國文化中，以農耕文化爲內涵的「炎帝文化」，以政體文化爲內涵的「黃帝文化」，以政治倫理文化爲內涵的「舜文化」，共同構成了中華文化三座里程碑。《史記》所載：「天下明德，皆自虞舜始」。〔註4〕「舜帝文化」開啓了中國尚「文」政治之精神源頭。

「先王之樂」的事迹記屢見於周、秦、漢以來的歷史典籍，雖然交融著一定的神話色彩，但「先王之樂」作爲一種歷史典故一直被後人所傳頌，內涵著毋容置疑的政治現實意義。時至春秋之際，孔子、季札等人還明確說欣賞過「先王之樂」。《論語・述而》載：「子在齊聞《韶》，三月不知肉味，曰：不圖爲樂之至於斯也！」他多次提到《韶》樂，並給予極高的評價。「子謂《韶》：盡美矣，又盡善也。謂《武》：盡美矣，未盡善也。」〔註5〕孔子如不直接欣賞到舜樂《韶》，是不會發表出這樣一些帶有眞情實感的評論的。稍早於孔子的吳國季札到魯國「觀樂」，更是一個有力的證據。季札不僅欣賞了一系列周樂，而且也欣賞了舜、禹、湯三代之樂。「見舞《韶濩》者，曰：聖人之弘也，而猶有慚德，聖人之難也；見舞《大夏》者，曰：美哉！勤而不得，非禹其誰能修之？見舞《韶箾》者，曰：德至矣哉，大矣！如天之不幬也，如地之不載也。雖甚盛德，其蔑以加於此矣，觀止矣。若有他樂，吾不敢請已。」〔註6〕

五帝之樂，唯舜樂流傳久遠，可考的證據較多。《尚書・舜典》云：

> 帝曰：夔，命汝典樂，教胄子。直而溫，寬而栗，剛而無虐，簡而無傲。詩言志，歌永言，聲依永，律和聲。八音克諧，無相奪倫，神人以和。夔曰：於予擊石拊石，百獸率舞。〔註7〕

〔註4〕《史記・五帝本紀》。
〔註5〕《論語・八份》。
〔註6〕《左傳・襄公二十九年》。
〔註7〕《尚書・舜典》。

　　舜帝任命夔主持禮樂教化之事，其主要對象是那些貴族子弟，其素材是「詩」、「歌」、「聲」、「律」，其目標就是要使他們長大成為對社會有用的人才，這種人才的標準就是正直而溫和，寬厚而謹慎，性格剛強而不盛氣凌人，態度隨和而不傲慢無禮。最終達到「無相奪倫，神人以和」的至高境界。舜帝藉此規範他們的言行，向他們宣講為人處世的道德準則，以求進一步加強各部落之間的凝聚力。

　　《尚書・舜典》所記載的「樂教」典故揭示了上古「樂治」的基本要義，這就是塑造健全的政治人格。健全的政治人格內涵直、寬、剛、簡等四維性格特徵。直：正直，率直，梗直。「是謂是，非謂非，曰直。」〔註 8〕馬王堆出土帛書《五行》曰：「中心辯焉而正行之，直也」。〔註 9〕《中庸》亦曰：齊莊中正，足以有敬，為直。直為做人之本。孔子說：「人之生也直，罔之生也幸而免。」〔註 10〕人活在世上、為人處事要正直，邪而不正、曲而不直的人雖然有時也混得不錯，但那只不過是僥倖地逃脫了他應得的下場。《詩》云：「靖共爾位，好是正直。神之聽之，介爾景福。」〔註 11〕人盡心盡職、喜好正直，神才賜予大福。直，但不注意態度，只管直來直去，尖利苛酷，也有失中正，傷害他人。所以還要溫。溫：溫和，溫厚，溫柔。溫者予人溫暖，如春風煦日。直而溫，既直且溫：直以立身，溫以待人；持之以直，出之以溫。《大雅・崧高》讚美申伯：「申伯之德，柔惠且直。」〔註 12〕柔惠且直，即直而溫。

　　寬而栗。寬：寬宏，寬厚，寬容。《中庸》的「寬裕溫柔，足以有容」，講的就是寬。寬者有度量，能容人，善于謙容並蓄、博采眾長，而不是小肚雞腸，妒賢嫉能、排斥異己。寬容，在今天的多元化世界尤為重要。但寬不是無邊無際的，不是是非不辨、容污納垢。《禮記・表記》：「寬而有辨。」鄭玄注：「辨，別也。猶『寬而栗』也。」〔註 13〕寬而栗的栗，就是條理清楚、明辨是非，即「文理密察，足以有別」〔註 14〕《大戴禮記・文王官人》取人

〔註 8〕　《荀子・修身》。
〔註 9〕　魏啟鵬：《馬王堆漢墓帛書〈德行〉校釋》，成都：巴蜀書社 1991 版，第 14 頁。
〔註 10〕　《論語・雍也》。
〔註 11〕　《小雅・小明》。
〔註 12〕　《詩經・大雅・崧高》。
〔註 13〕　《禮記・表記》。
〔註 14〕　《中庸》。

有「九用」之說，其中之一是：「二曰取慈惠而有理者。」〔註15〕慈惠是寬，有理就是條理清晰、原則性強，就是栗。寬而栗，待人寬厚、處事寬容，又能明辨是非、堅持原則。

剛而無虐。剛：剛強，剛毅，剛健。剛者，「發強剛毅，足以有執」〔註16〕，《易·大過》中曰：「獨立不懼，遯世無悶」〔註17〕；「富貴不能淫，貧賤不能移，威武不能屈」〔註18〕。剛者是頂天立地的大丈夫。虐：暴虐，殘酷，傷害。剛易失之於虐。爲人強悍，行事猛厲，過頭就會傷害人，顯得殘酷無情。尤其對於弱者，剛猛過甚就是暴政，就是淩虐，就是欺侮。中國古代政治很早就有保護弱者的要求，〔註19〕有「無虐煢獨」的說法，周公則對成王及諸侯一再叮嚀告誡：「不敢侮鰥寡。」〔註20〕《無逸》中更有「懷保小民，惠鮮鰥寡」的政治訓誡。〔註21〕萎弱無骨、俯仰屈從，故不足爲大丈夫；但強橫暴厲、淩虐欺壓，亦非仁者。剛而無虐，適得其正。

簡而無傲。簡者，大也，大智大勇、大仁大義。莊子眼中的大鵬，其廣不知幾千里，其翼若垂天之雲，扶搖而上九萬里，此大也；蜩與學鳩決起而飛、搶榆枋而止，翱翔於蓬蒿之間，此小也。帛書《五行》：「簡也者，不以小愛害大愛，不以小義害大義。」〔註22〕簡者著眼大局，操持大行。《尚書·皋陶謨》：「元首叢脞哉，股肱惰哉，萬事墮哉。」〔註23〕叢脞即瑣碎，輕重不分、執小失大，就是不簡。不簡則「小知不大決，小能而不大成，顧小物而不知大倫」〔註24〕。一個人胸無大志，鼠目寸光，貪小利而忽大義，迷小徑而棄大道，是沒有出息的。另一方面，志大則心高，心高易氣傲，氣傲則疏忽怠慢，與人不敬。所以要簡而無傲。無傲，就是尊重人，平等待人。

直而溫、寬而栗、剛而無虐、簡而無傲中，直、栗、剛、簡是剛性品格，溫、寬、無虐、無傲是柔性品格；二者對立相成、交融並濟，構成了一種剛

〔註15〕　《大戴禮記·文王官人》。
〔註16〕　《中庸》。
〔註17〕　《易·大過》。
〔註18〕　《孟子·滕文公下》。
〔註19〕　《尚書·洪範》。
〔註20〕　《尚書·康誥》。
〔註21〕　《尚書·無逸》。
〔註22〕　帛書《五行》。
〔註23〕　《尚書·皋陶謨》。
〔註24〕　《大戴禮記·四代》。

柔有致的人格。剛而少柔，難與人處；柔而不剛，萎弱不立。「變從無節，撓弱不立，妨於政；剛毅犯神，妨於政。」〔註25〕人過柔過剛都有害政事。《詩》云：「不剛不柔，敷政憂憂。」〔註26〕處事剛柔適中，才能政通人和，政通人和則天下皆寧。

舜帝「樂治」開啟了中國「樂教」而和睦天下的政治典範，而且還開創了「內修仁德、外化天下」的政治源頭。舜家境清貧，故從事各種體力勞動，歷經坎坷。他在五帝時的歷山耕耘種植，在雷澤打魚，在黃河之濱製作陶器，而在此過程中，由於舜的德行不斷感化周圍的人，於是凡是舜工作的地方都會很快發展起來成為一個富庶且人民風氣很好的地方。於是人們爭相傳頌舜的事迹。相傳舜在 20 歲的時候，名氣就很大了，他是以孝行而聞名的。因為能對虐待、迫害他的父母堅守孝道，故在青年時代即為人稱揚。過了 10 年，堯向四嶽（四方諸侯之長）徵詢繼任人選，四嶽就推薦了舜。舜將兩個女兒嫁給舜，以考察他的品行和能力。舜不但使二女與全家和睦相處，而且在各方面都表現出卓越的才乾和高尚的人格力量，「舜耕於歷山，人皆讓畔，漁於雷澤，人皆讓居，陶於河濱，河濱器皆不苦窳。」〔註27〕在歷山耕種的人，常常因為多占田地而發生糾紛，舜帝以身作則，使大家都能和睦相處；在雷澤捕魚的人們過去經常因為搶佔好的地盤，久居不讓，舜帝到了之後，言傳身教，使人們懂得了謙恭忍讓；在河濱製陶的人，過去總是以次充好，欺瞞購買者，舜帝到了之後，總是把上好的陶器賣給別人，樹立了誠信為本的商業規則。舜帝為百姓做了很多好事，深受百姓擁戴。只要是他勞作的地方，便興起禮讓的風尚。《史記·帝王世紀》說：「舜每徙則百姓歸之」。他到了哪裏，人們都願意追隨，因而「一年而所居成聚，二年成邑，三年成都。」〔註28〕

經過多方考驗，舜終於得到堯的認可。選擇吉日，舉行大典，堯禪位於舜。由於堯帝年老，故而雖為天子，但是已經開始慢慢過渡放權，將權力逐步過渡於舜，舜逐漸代行部落聯盟首領的政治之責。而後經過多年的權力過渡，以及政治磨煉，舜漸漸可以掌管天下，堯帝病逝，舜帝率天下服喪之後

〔註25〕《大戴禮記·四代》。
〔註26〕《詩經·商頌·長發》。
〔註27〕《史記·五帝本紀》。
〔註28〕《史記·五帝本紀》。

繼位，後世稱之爲**舜帝**。

舜帝被後人稱之爲德聖——中國道德文化創始人；孝祖——中國古代二十四孝之首，尤其是「歌南風之詩而治天下」的典範開啓了中國傳統政治文化的精神源頭。故《史記》載：「天下明德，皆自虞舜始」。〔註29〕虞舜首開家國一體、政道合一的社會道德倫理之先河，因此，舜文化的本質與核心就是以孝悌、仁誠爲基礎的道德文化，這種「由己及人」的道德範式，後被儒家尊爲「聖王」之道，宋代范祖禹在《帝學》卷一說：「帝王之學，謂之大學。——故學者所以致知、誠意、正心、修身、齊家、治國、明明德於天下，堯、舜之道是也。帝王之學，所以學爲堯、舜也。」〔註30〕堯帝歷史蹤影只能依稀可感，惟有舜帝的政治事迹尚可有據可考，故「堯舜之道」，見諸於顯明的，大概只有「舜帝之道」，經過歷史長河的積澱生發，「舜帝之道」形塑了中國傳統政治文化的精神主脈。

上古時代虞舜的政治觀念和政治作爲，使古代東方人類社會從野蠻時代過渡到文明時代，可謂「唐虞之際，於斯爲盛」。《白虎通》中曰：

> 五帝無有天下之號何？五帝德大能禪，以民爲子，成於天下，無爲立號也。或曰：唐、虞皆號也。唐，蕩蕩也，蕩蕩者，道德至大之貌也。虞者，樂也，言天下有道，人皆樂也。故《論語》曰：唐虞之際，帝嚳有天下，號高辛，顓頊有天下，號曰高陽，黃帝有天下，號曰自然者，獨宏大道德也，高陽者，陽猶明也，道德高明也。高辛者，道德大信也。

華夏文明炳煥於世，充於四海，皇帝王霸，號稱五千年之久。人文之祖始於伏義，其後有三皇，有五帝。舜帝承上啓下，爲五帝之一，特別是五帝後期，堯、舜同朝爲治，尤爲隆盛，共同奠立了中國傳統政治文化的精神根基——「堯舜之道」。孟子曰：「堯舜之道，不以仁政，不能平治天下」。〔註31〕據此可知，所謂「堯舜之道」即：

以仁德感化天下、以文明開化天下。史載舜帝率民向善，天下敬服。孟子稱舜帝「明於庶物，察於人倫」。〔註32〕舜帝攝政以後行厚德，遠佞人，巡

〔註29〕《史記・五帝本紀》。
〔註30〕范祖禹：《帝學》卷1。
〔註31〕《孟子・離婁上》。
〔註32〕《孟子・離婁下》。

狩四方，選賢任能，致使天下大治。所以，全社會都以他爲學習的榜樣，謂其「雞鳴而起，孳孳爲善者，舜之徒也。」〔註33〕《大學》亦曰：「堯舜帥天下以仁，而民從之，桀紂帥天下以暴，而民從之；其所令反其所爲，而民不從。」〔註34〕舜主政後，布五教於四方，實現了「父義，母慈，兄友，弟恭，子孝，內平外成」的理想局面。尤其是舜帝以天下爲公，施行仁政，感化天下的政治事迹，尤爲後人敬仰，孔子慨歎：「巍巍乎，舜禹之有天下也，而不與焉。」〔註35〕孔子還說：「無爲而治者，其舜也與？夫何爲哉？恭己正南面而已矣。」〔註36〕他認爲舜治理天下不謀私利，能讓老百姓休養生息，實行的是無爲而治。孟子亦曰：「大舜有大焉，善與人同，舍己從人，取樂於人以爲善。」〔註37〕在孟子眼裏，舜的可貴之處在於，他能夠犧牲作爲統治者的個人權利，以保證百姓的權益，能夠讓老百姓過上富足安康的日子。由此出發，孟子刻畫出了自己心目中的明君形象：「是故明君制民之產，必使仰足以養父母，俯足以畜妻子，樂歲終身飽，凶年免於死亡。然後驅而之善，故民之從之也輕。」〔註38〕源自於舜帝的仁德善行，舜帝執掌權力後，「天下悅之，秀士從之」，「賢士歸之，萬民譽之，丈夫女子，振振殷殷，無不戴悅」〔註39〕。由此可見舜巨大的感召力與凝聚力，這也正是儒家諸子所向往的理想境界。孔子說：「爲政以德，譬如北辰，居其所而眾星共之。」〔註40〕孟子也說：「視天下悅而歸己，猶草芥也，惟舜爲然。」〔註41〕

　　「堯舜之道」的基本要義既是以仁德感化天下、以天下爲公，也是以文明開化天下。傳說中的虞舜時代，大致涵容在考古學上新石器時代，晚期的中原「龍山文化」階段，據考古資料證明，距今約四五千年的龍山文化，尤其是晚期的龍山文化，在農業、漁業和製陶等手工業諸方面都較之前的仰韶文化有了高度的發展，並已形成獨立的生產部門，銅製生產工具開始使用，社會分工明朗，商品交換擴大，私有制度萌芽，原始氏族部落正在解體，適

〔註33〕《孟子·盡心上》。
〔註34〕《大學》
〔註35〕《論語·泰伯》。
〔註36〕《論語·衛靈公》。
〔註37〕《孟子·公孫丑上》。
〔註38〕《孟子·梁惠王上》。
〔註39〕《呂氏春秋·慎人》
〔註40〕《論語·爲政》。
〔註41〕《孟子·離婁上》。

應商品聚散交換和政治集中統一要求的城市廣泛出現。一般認為文明國家形成的三要素——文字、城市、金屬器,「龍山文化」基本已經具備。當北方中原地帶日益走向文明的「新石器時代」,南方長江流域也大致相應有「大溪文化」和「屈家嶺文化」及其「青龍泉三期文化」。比較而言,南方長江流域的「青龍泉三期文化」總體發展水平上明顯落後於中原地區的「仰韶文化」和「龍山文化」。舜帝時期,「青龍泉三期文化」主要為「三苗」的文化遺存,其水平已難與中原的「龍山文化」相提並論,不過,「青龍泉三期文化」有許多中原文化因素,故有的學者將這類遺存泛稱為「長江中游龍山文化」。可以推想,舜帝不畏年高,不辭途遠,深入南土,巡狩南國,行德喻教,給南國苗民帶來了中原華夏族先進的生產技術和文化觀念,使得南國苗民的生產大有發展,生活大加改善,部族大為和睦,社會大顯進步,「青龍泉三期文化」中的「龍山文化」因素,似乎也映證了舜帝以先進的文明開化南國的不朽功業。舜帝南巡,讓「三苗」部族脫離落後狀態,從野蠻逐漸走向文明,「三苗」部族豈會不感戴、不誠服、不親附?古典云舜帝「勤於民事而野死」,因此百姓感恩,諸侯率服,遠近朝貢。《淮南子‧原道訓》載:

　　　　夫(舜)能理三苗,朝羽民徙裸國,納肅慎,未發號令而移風
　　易俗。

《史記‧五帝本紀》說:

　　　　虞舜時代,四方諸侯,各以其職來貢,不失其宜,方五千里,
　　至於荒服。

舜歌《南風》故事,即是以史詩方式記載了虞舜推德懷遠、南服「三苗」、「巡狩南方」、歸化南國的歷史事迹。虞舜不畏年高,不辭途遠,深入南土興教化施德政,竟至於如《史記》所述:「巡狩」到當時中國的南部邊陲,「崩於蒼梧之野,葬於江南九疑」,澤被南國,感服南民,實現的是南北一體、華蠻與共的天下大治。先秦南方民眾十分愛戴和高度崇敬虞舜,尊其為「解吾民之慍」、「阜吾民之財」、「耿介抗行」、聖哲賢明的古帝,不僅長期傳頌舜歌《南風》的故事,而且為了美化虞舜關懷民眾的聖德,在戰國時創作出清雅的《南風歌》,以附會為舜造之詩。由於虞舜在民眾的心目中享有崇高地位,楚國的偉大詩人屈原也在其《楚辭》中反覆稱頌之。

　　虞舜的謙和寬仁,贏得天下人心,「以致天下諸侯朝覲者,不之堯之子而之舜;訟獄者,不之堯之子而之舜;謳歌者,不謳歌堯之子而謳歌舜。」成

爲天子後的虞舜,令稷「播時百穀」以拯黎民始饑,令契「敬敷王教」而寬以待民,行仁施德,百姓率服,民風淳化,「得萬國之歡心,故天下治也。」〔註42〕舜帝以仁德感化天下、以文明開化天下的政治功業開啓了中國「偃武修文」之文治政治的精神源頭。

「舜帝之道」奠定中國傳統倫理的精神根基,以「舜帝之道」爲主體形成的政治倫理文化,開啓中華民族道德文化之源。東方人類從母系社會向父系社會過渡的這種人類自身生產的進化,經歷了一個更長的過程,這個過程直至舜時才得以完成。舜帝以「孝感天下、厚德載物」聞名於世,以全新的道德文化開闢了東方人類社會的新紀元。舜帝作爲中國人文文化的鼻祖,不但開啓了中國傳統倫理文化的精神先河,同時也開掘了中國傳統政治文化以「仁德感化」、「文明開化」爲基本要義的精神源頭。

二、「遠人不服修文德以來之」──「文王以文治」與尚「文」政治傳統的歷史定勢

五帝之樂,唯舜樂流傳久遠,可考的證據較多,尤其是舜帝「歌《南風》之詩而天下治」的「樂治」事迹被歷代先賢聖哲所傳頌。舜帝「樂治」天下的歷史典故演繹出「上德不厚而行武,非道也」這一政治義理。周文王積德行善的文治政治上承舜帝「修政偃兵」之政道,下啓周公制禮作樂之政治定制。堯、舜、禹、湯、文王、周公之道千古承傳,「樂治」與「文治」一脈相連,會通中國尚「文」政治傳統「經國以文、化成天下」之精神主脈。

周文王上承舜帝「修政偃兵」之政道,下啓周公制禮作樂而化成天下之政治定制,奠基中國尚文政治之精神根基,開創千古一脈的尚「文」政治傳統。在夏、商之際,舜帝作爲上古先王的典範是上古先民公認的聖人,也是周文王心目中的聖王先驅。周文王以舜帝爲典範,承襲舜帝的聖王風範,身體力行,勤於民事,推德懷遠,內修仁德,外化天下,三分天下有其二,其政治功業見諸於《易》卦卜辭。心懷殺父之仇、又遭喪師之辱、慘遭牢獄之災的周文王被放出監獄以後,隱忍不發,默默「修德以傾商政」。但因「商周之不敵。」〔註43〕殷大而周小,周人必須夙夜不懈,以服事殷,以便隱忍待時,蓄積力量。從《易·坤》、《易·乾》卦卜辭,可以看出文王如何隱忍待

〔註42〕 《史記·樂書》。
〔註43〕 《左傳·桓公十三年》。

時，積蓄力量。

《易·坤》（卦二）云：「初六：履霜，堅冰至。」〔註44〕卦辭意為：人方履霜，堅冰將至，慎終於始，防患於未然。

《易·坤》（卦六）：「龍戰於野，其血玄黃。」龍：「龍也者，人主之辟（譬）也。」〔註45〕玄黃：「可讀為法滿，血流甚多之貌。」〔註46〕卦辭意為：二龍相鬥，兩敗俱傷。

《易·坤》（卦六四）云：「括囊，無咎、無譽。」唐代學者史微曰：「括，結也，囊所以盛物；喻人心藏智也。亦猶不遇其時，閉而不用也。戒慎自守，不與物憐，故曰無咎也。德既不施，無聲譽之美，故無譽也。」〔註47〕卦辭意為：如囊結口，緘口不言；隱藏其行，不使人知；沒有聲譽，自然無咎。

可見，《易·坤》卦辭記載了文王與呂尚面對已被商紂疑慮的嚴峻形勢，分析了殷大而周小的實際，為了最終實現「滅商」之志，決定執行隱忍待時、蓄積力量的方針。再看《易·乾》卦一：

初九：潛龍，勿用。潛：藏也；勿用：賈誼曰：潛龍入而不出，故曰勿用。勿用者，不可也。

九三：君子終日乾乾，夕惕若，厲無咎。」君子：在位者，即指貴族。乾乾：勤勉努力。惕若：惕，警惕；若，助詞，猶然。厲：危險。唐代學者李鼎祚撰《周易集解》引干寶曰：「此蓋文王反國大篷其政之日也。凡無咎者，憂中之喜，善補過者也。文王恨早耀文明之德，以蒙大難；增修柔順，以懷多福，故曰無咎。」〔註48〕

九四：或躍，在淵，無咎。清代學者尚秉和注曰：「或者，言事不一定，可則為之，慎審而行，故無咎也。」〔註49〕

上九：亢龍有悔。」亢：過甚。賈誼注曰：亢龍往而不返，故《易》曰：「有悔」。有悔者，凶也。

〔註44〕《周易·坤》。
〔註45〕賈誼《新書·容經》。
〔註46〕高亨：《周易古經今注》。
〔註47〕史微：《周易口訣義》。
〔註48〕李鼎祚：《周易集解》。
〔註49〕尚秉和：《周易尚氏學》。

用九：「見群龍無首，吉。」宋代理學家程頤曰：「見群龍，無
爲首則吉也。」〔註50〕

《易‧乾》卦爻辭全面論述了隱忍待時、蓄積力量的步驟和要點：要象潛藏
在淵水裏的龍，要勤勉努力，保持警惕。要防止冒進，做到群龍不爲首。一
旦時機成熟，就由淵裏飛躍出來，成就大事，時機未到，則要潛藏淵裏，隱
忍待時。

《易‧坤》、《易‧乾》卦爻辭的內容跟其他古文獻的記載大體一致。如
《尚書‧無逸》：「文王卑服，即康功田功。……自朝至於日中反，不遑暇食，
用咸和萬民。」〔註51〕《詩‧周頌‧酌》：「於，鑠王師！遵養時晦。時純熙
矣，是用大介。」〔註52〕《呂氏春秋‧首時》：

> 聖人之於事，似緩而急，似遲而速，以待時。王季歷困而死，
> 文王苦之，有（又）不忘羑里之醜，時未可也。武王事之，夙夜不
> 懈，亦不忘王門之辱。立十二年，而成甲子之事。

爲了執行隱忍待時、蓄積力量的方針，周人不得不表面上繼續臣服商王
朝。爲此，文王決定與商王朝恢復臣服關係，並親自到朝歌去覲見商紂。請
看《復》（卦二十四）：

> 復亨，出入無疾，朋來無咎。反覆其道，七日來復，利有攸往。
> 復：恢復。疾：通嫉，妒忌。卦辭意爲：恢復臣服關係，辦事順利，
> 出入不招妒忌，朋來無有災害。往反朝歌路程，七日可以來回，利
> 於前往復交。

> 初九：不遠復，無祗悔，元吉。唐代儒家學者孔穎達《周易注
> 疏》曰：韓氏云：祗，大也。既能速復，是無大悔，所以大吉。

> 六二：休復敦復無悔。休：美善。卦辭意爲：完滿地恢復關係，
> 對我自然大吉。敦：勉力。卦辭意爲：勉力恢復關係，保證沒有問
> 題。

> 上六：迷復凶，有災眚。用行師，終有大敗，以其國君凶，至
> 於十年不克征。程頤曰：迷而不復，其凶可知。有災情：災，天災，
> 自外來，眚，己過由自作。國君：疑指商紂。征：征服。卦辭意爲：

〔註50〕程頤：《周易程氏傳》。
〔註51〕《尚書‧無逸》。
〔註52〕《呂氏春秋‧首時》。

迷而不復，其凶可知，外災内亂，一併發生。如若打仗，結果必敗，
商大我小，紂王凶強，十年之内，難以戰勝。〔註53〕

《復》卦爻辭闡述了文王與商王朝恢復臣服關係的目的、態度和方針。

由於商紂傾全國兵力與東夷進行長期戰爭，對已經成為西方方國中心的
西伯姬昌，就不得不採取安撫手段，改善殷周關係，以達到穩住西疆，全力
征夷的目的。同時，文王又主動與商王朝繼續臣服關係，利用占卜，大造輿
論，並「帥殷之叛國以事紂」。〔註54〕從而減輕了商紂對周人的疑慮，爭取到
較長的和平時期，努力發展人力、財力和軍力，作好克商的準備。請看《屯》
（卦三）、《遯》（卦三十三）：

屯‧六二：即鹿無虞，惟入於林中，君子幾，不如舍。往吝。

鹿：指所要獵獲的對象，常用以喻政權。唐代文人馬媲撰《意林》
引《太公六韜》云：天下非一人之天下，天下人之天下也。取天下
者逐野鹿，而天下共分其肉。

屯‧九五：屯其膏，小貞吉，大貞凶。膏：肥肉。《國語‧晉語》：
夫膏粱之性難正也。韋注：膏，肉之肥者。卦辭意為：蓄積糧肉，
儲以備用，小規模吉，因規模過大，易被商紂發覺，故大規模凶。

《屯》、《遯》、《同人》卦爻辭記載了文王在國内蓄積力量的措施：禮賢
下士，搜羅人才，增殖人口，加緊生產，蓄積糧食，挑選士兵，加緊訓練，
所作的伐商準備十分周密，這些措施與《尚書》、《詩經》中的記載一致。《尚
書‧君奭》曰：「惟文王尚克修和我有夏。亦惟有若虢叔，有若閎夭，有若散
宜生，有若南宮括。」〔註55〕《詩‧大雅‧思齊》：「太姒嗣徽音，則百斯男」。
〔註56〕《詩‧大雅‧文王》中云：「濟濟多士，文王以寧」〔註57〕。

為了推動全國臣民積極執行這些措施，文王還身體力行，嚴治其家以作
示範。如《家人》（卦三十七）：

初九：閑有家，悔亡。史微注曰：閑，防也。夫治家之道，必
須先以防慮，不令瀆亂。若候瀆亂之後，方始治之，即憂悔生矣。
今治家之初，便能防閑，悔必亡矣。

〔註53〕 程頤：《周易程氏傳》。
〔註54〕 《左傳‧襄公四年》。
〔註55〕 《尚書‧君奭》。
〔註56〕 《詩‧大雅‧思齊》。
〔註57〕 《詩‧大雅‧文王》。

六四：富家，大吉。程頤注曰：居家之道，能保有其富，則爲
大吉。

《家人》卦爻辭與《詩‧大雅‧思齊》、《尚書‧康誥》中的記載亦吻合
一致。《詩‧大雅‧思齊》中曰：「刑於寡妻，至於兄弟，以御於家邦。雍雍
在宮，肅肅在廟；不顯亦臨，無射亦保。」〔註58〕《尚書‧康誥》曰：「惟乃
王顯考文王，克明德愼罰，不敢侮鰥寡庸庸、祗祗、威威、顯民。用肇造我
區夏，越我一二邦，以修我西土。」〔註59〕

爲了作好克商的準備，文王、呂尙等還充分利用商王朝與各方國的矛盾，
積極爭取同盟國，並「率殷之叛國以事紂，四十餘國。」〔註60〕悄悄地動搖商
王朝的統治基礎。還根據「商王紂因招誘一些部落和國家的奴隸而爲貴族們所
怨恨」的事實，「倡議了一條公約，規定奴隸逃亡要大搜查，原來是誰的奴隸
還要歸誰，不准藏匿。這條公約得到貴族的擁護，提高了周在有關部落和方國
中的威信。」〔註61〕文王倡議的「有亡荒閱」公約的執行，擴大和鞏固了周與
「殷之叛國」的同盟關係。文王和他的大臣們充分利用這種形勢，積極作爭取
同盟國的工作，一些小國都紛紛歸順周，使周的國力和聲威大大加強了，促成
了「三分天下有其二」的局面，成爲後來周朝得天下的重要原因之一。

周文王貴爲國君在位五十年，尊奉舜帝內修仁政、外化天下之政道，篤
行仁義，禮賢下士，強國富民，「諸侯順之」。周文王雖然建立了「三分天下
有其二」的政治功業，但在臨終之前，仍然心繫天下，念念不忘滅商大計，
囑託周武王如何上受天命，下順民心，統一天下。周文王的這些政治遺言在
先秦古文典章《保訓》中有詳盡的記載。〔註62〕在《保訓》中周文王告訴武
王上古寶訓，講述了兩個故事，主角分別是上古賢人帝舜和殷商先公上甲微，
他們都因爲有了「中」而最終得到了天下。「中」是《保訓》的核心思想。對
於什麼是「中」，學者有多種說法。李學勤先生認爲「中」或稱「中道」，與
儒家後來所說的中庸之道有著內在的聯繫。李均明先生認爲「中」爲「中刑」，
即刑罰適度。李零先生認爲「中」與古代的「表」有關，是一根可以「立民

〔註58〕《詩‧大雅‧思齊》。

〔註59〕《尚書‧康誥》。

〔註60〕《左傳‧襄公四年》。

〔註61〕黃現璠：《中國通史綱要》，北平文化學社，1932年。

〔註62〕清華大學出土文獻研究與保護中心：《清華大學藏戰國竹簡「保訓」釋文》，《文
物》2009年第6期。

之極」的標杆，是權力的象徵。艾蘭先生認為「中」具有地理上與宇宙中的雙重內涵，周文王希望通過佔領地理上的中心區域來得到人民的擁護並形成戰略力量。邢文先生認為「中」就是數、命數，也就是孔子所記的「天之曆數」的數……。〔註63〕以上是目前比較常見的幾種對於「中」字的解釋，學者大都把「中」看作是一種形而上的思想。以上諸種解釋在不同的語境下，皆有合理之處。「中」字在《保訓》裏一共出現四次，分別是舜「恐求中」、「既得中」，上甲微「假中於河」、「歸中於河」，分別內涵「中道」、「適度」、「平衡」、「內外兼顧」、「治內服外」等基本要義。例如：《保訓》所見舜之「救中」及「執中」之「中」即中道，保持平衡的理論。為什麼說「中」是保持平衡的理論？《逸周書》首篇為《度訓解》，是專門講平衡的，文云：「天生民而制其度。度小大以正，權輕重以極，明本末以立中。立中以補損，補損以知足。」天地萬物，以「中道」為本。「中」使相關事物保持不偏不倚的狀態，亦即達到平衡。「中」亦稱「中正」。古書所見「中」的理念可以追溯到傳說時代，《史記·五帝本紀》：「帝嚳溉執中而遍天下，日月所照，風雨所至，莫不服從。」〔註64〕《正義》注曰：溉音既。言帝嚳治民，若水之溉灌，平等而執中正，遍於天下也。表明世間萬物皆有賴於各種平衡的因素而生存發展，《禮記·中庸》：「中也者，天下之大本也。和也者，天下之大道也。致中和，天地位焉，萬物育焉。」而把舜塑造為執中之典型。《禮記·中庸》：「舜其大智也與！舜好問而好察邇言，隱惡而好善，執其兩端，用其中於民，其斯以為舜乎！」〔註65〕

　　商末之周文王胸懷大志卻忍辱負重，有感於舜所經受的種種考驗。《保訓》云：「舜舊作小人，親耕於歷茅，恐救中，自稽厥志，不違於萬姓之多俗。」〔註66〕所謂「恐救中」指惟恐失去中道。〔註67〕體現舜是肩負救世理想的，這也正是周文王的抱負，所以在周文王的心目中舜所經受的磨練不是簡單的吃苦，而是自我修煉的過程，是天將降大任於斯人的前奏。「不違於萬姓之多

〔註63〕劉國忠：《走近清華簡》，高等教育出版社，2011年，第190、191頁。
〔註64〕《史記·五帝本紀》。
〔註65〕《禮記·中庸》。
〔註66〕清華大學出土文獻研究與保護中心：《清華大學藏戰國竹簡「保訓」釋文》，北京：《文物》2009年第6期。
〔註67〕參見李均明《周文王遺囑之中道觀》，北京：《光明日報》2009年4月20日第12版。

俗」指尊重廣大民眾的習俗志向，說明其行為涉及面廣，亦當為周文王的行為準則。《韓非子・難一》：

> 歷山之農者侵畔，舜往耕焉，期年而畎畝正；河濱之漁者爭坻，
> 舜往漁焉，期年而讓長；東夷之陶者苦窳，舜往陶焉，期年而器牢。
> 仲尼歎曰：聖人之德化乎！

這裡描述了舜的行為所具有的巨大影響力。而從另一角度，《孟子・公孫丑上》云：「大舜有大焉，善與人同，舍己從人，樂取人以為善。自耕稼、陶、漁以為帝，無非取於人者。」〔註68〕說舜不僅勇於舍己為人，還善於利用民眾的積極性，所以才能從一個普通老百姓成長為帝王。而體察民情，爭取更廣泛的支持正是周文王傾全力所做的，《史記・周本紀》：

> 西伯曰文王，遵后稷、公劉之業，則古公、公季之法，篤仁，
> 敬老，慈少。禮下賢者，日中不暇食以待士，士以此多歸之。伯夷、
> 叔齊在孤竹，聞西伯善養老，盍往歸之。太顛、閎夭、散宜生、鬻
> 子、辛甲大夫之徒皆往歸之。〔註69〕

由此三分天下，周文王有其二，實力已在商王紂之上。

《保訓》簡云「厥又施於上下遠邇，乃易位邇稽，測陰陽之物，咸順不擾」，指舜自我修練達到的深度與廣度，致萬事萬物皆順當無逆。但即使影響已深遠，舜仍然會經常更變角度、換位思考，體現其縝密謹慎，此亦是周文王的行事風格。其中「測陰陽之物」是執行中道的哲學基礎，也是周文王所擅長的。陰陽是宇宙間通貫物質和人事的兩大對立面，火陽水陰、男陽女陰之類即是。商代甲骨文中已見陰、陽的觀念，至戰國趨於完善，《郭店楚簡・太一》：

> 太一生水，水反輔太一，是以成天。天地者也，是以成神明。
> 神明復相輔也，是以成陰陽。陰陽復相輔，是以成四時。四時復相
> 輔也，是以成滄熱。滄熱復相輔也，是以成濕燥，濕燥復相輔也，
> 成歲而止。故歲者，濕燥之所生也。濕燥者，滄熱之所生也。滄熱
> 者、四時者，陰陽之所生。陰陽者，神明之所生。神明者，天地之
> 所生。天地者，太一之所生也。〔註70〕

〔註68〕《孟子・公孫丑上》。
〔註69〕《史記・周本紀》。
〔註70〕荊門市博物館：《郭店楚墓竹簡》，北京，文物出版社，1998年，本文簡稱《郭

　　陰陽的觀念源自大自然，《逸周書・大聚解》云：「道別其陰陽之利，相土地之宜，水土之使。」即使人事亦可別陰、陽，《逸周書・官人解》：「民生則有陰有陽。人多隱其情，飾其詐偽。」〔註71〕潘振注云：陰主隱，陽主見，人多隱其實情，飾其詐偽，以取其名，陰之所爲也。在上古時代，陰陽觀念甚爲深重，可謂深入社會生活的各個層面，乃至訟獄也要辨陰陽之氣，《上博簡・容成氏》：乃辨陰陽之氣，而聽其訟獄，三年而天下無獄訟者。史載周文王演繹周易即陰陽之道的系統化，《史記・周本紀》中云：文王「盍益《易》之八卦爲六十四卦」。故周文王遺囑中強調「測陰陽之物」乃情理中事。

　　《保訓》簡文所見「三降之德」是施行中道的槓杆，體現執政處事的靈活性。「三降之德」史書徑稱爲「三德」，《逸周書・小開解》：「務用三德。」《逸周書・寤敬解》：「奉若稽古惟王，克明三德惟則，戚和遠人惟庸。」何謂「三德」？《尚書・洪範》：「三德：一曰正直，二曰剛克，三曰柔克。平康，正直強弗友，剛克；燮友，柔克；沉潛，剛克；高明，柔克。」《尚書全解》注此篇：「三德者，聖人所以臨機稱物平施以爲皇極之用而權其輕重也。胡安定曰聖人既由中道而治天下，又慮夫執中無權猶執一也，故用三德者所以歲時制宜以歸安寧之域也。」顯然，「三德」是「執中」的平衡手段，具有很大的靈活性，但掌控的難度亦大，《逸周書・常訓解》：「平兩以參，參伍以權。權數亦多，多難以允，允德以慎。」所謂「參」即是「三」，「參伍」即「三五」。《逸周書彙佼集注》引唐大沛云：

　　　　於兩可者平心度之，孰爲過，孰爲不及，孰爲得中，則兩加以
　　中而爲三。「參伍」即「三五」。參之矣，復從而五之，孰爲過中，
　　孰爲不及中，孰雖過中而不失爲中，孰雖不及中而不失爲中。中無
　　定體，參之五之，必權而得中，非執一定之中也。〔註72〕

　　由此可知，在掌握平衡的過程中，實踐經驗非常重要，而實踐經驗來自上文所見對各種事物的考察與處理過程。因此，周文王遺囑中強調：掌握了中道的原理，還要像舜那樣「言不易實變名，身茲備惟允，翼翼不懈」。既要有堅定性，又要小心翼翼去執行。在商末複雜多變的政治環境中，周文王正是憑藉其豐富的經驗及處事的高度靈活性，躲避商紂王的迫害，爭取眾多的

<hr>

　　　　店楚簡》。
〔註71〕《逸周書・官人解》。
〔註72〕黃懷信：《逸周書彙佼集注》，上海：上海古籍出版社，2007年。

支持，逐漸擴大自己的勢力範圍，形成了滅商的有利態勢，終由其子武王完成統一大業。

　　商末之紂王專橫跋扈，酷刑濫罰，周文王曾身受其害，差一點死於非命，幸虧周文王的臣子閎夭能的及時向商紂王賄賂，才幸免於難。《史記‧殷本紀》載：「西伯之臣閎夭之徒，求美女奇物善馬以獻紂，紂乃赦西伯。」〔註73〕文王獲得自由後乃極力反對酷刑，所做的第一件事是全力諫請商紂王廢除炮格之法，《殷本紀》：「西伯出而獻洛西之地，以請除炮格之刑。紂乃許之，賜弓矢斧鉞，使得征伐，為西伯。」周文王的統治權也因此得以鞏固，進而又在自己的封地內實踐司法公正，獲得巨大成功，後人更把文王的司法實踐當作其創建周朝的根本，如，《左傳》成公二年載：

　　　　《周書》曰：「明德慎罰」，文王所以造周也。

　　《史記‧周本紀》亦云：

　　　　西伯陰行善，諸侯皆來決平。於是虞、芮之人有獄不能決，乃
　　如周。入界，耕者皆讓畔，民俗皆讓長。〔註74〕

　　虞、芮所在為重要的戰略要地，解決虞、芮之爭訟，將虞、芮納入自己的勢力範圍，使周文王獲得戰略主動權，正如王暉先生所說：「周文王平虞、芮之訟而受命稱王，是周文王及其統治的周方國一個極其重大的歷史轉折點。」〔註75〕如此重要又十分成功的經驗，周文王是不會忘記傳給其後人的。拿上甲微假中於河說事，就是要其繼承人牢記司法公正在中道政治中的作用，從心理感受的角度而言亦有復仇的意味，周武王當然非常瞭解文王的意圖，故《史記‧周本紀》載武王伐紂，出征時乃「為文王木主，載以車，中軍。武王自稱太子發，言奉文王以伐，不敢自專」。由於文王的巨大影響力，「諸侯不期而會孟津者八百諸侯」在殷商王朝晚期，西周還只是隸屬於商王朝的一個西土小國，後來之所以能推翻強大的商王朝，其重要原因之一就是周文王以「善德」來施治天下。先秦典籍多處記載周文王以仁善立國，如「西伯積善德，諸侯皆嚮之」。〔註76〕正是這種道義的感召力，使天下歸化於宗周。

────────────

〔註73〕《史記‧殷本紀》。
〔註74〕《史記‧周本紀》。
〔註75〕王暉：《古文字與商周史新證》，北京，中華書局，2003年，第99頁。
〔註76〕《管子‧牧民第一》。

　　「化」在中國傳統政治語境中是一個意味深遠的政治理念。《易》曰：「觀乎天文，以察時變；觀乎人文，以化成天下」。〔註77〕「以文化成天下」是中國傳統政治文化的內在靈魂與基本原理，也是周文王一統天下的眞實寫照。史載周文王「修德行善」，以道義立國，「諸侯多叛紂而往歸西伯」。〔註78〕周文王在位五十餘年，在即將去世時，天下三分已得其二，「化成天下」已成定勢。

　　「文王以文治」〔註79〕，從周文王「治國以文，化成天下」的歷史事迹中，中國古代的先賢聖哲們感悟出一個甚爲深邃的政治原理，這就是「遠人不服，則修文德以來之」〔註80〕。這一流傳千古的政治話語深刻地展現中國傳統政治文化的內在精髓。強制力雖然是政治權力的一種表現形式，但卻不是其本質屬性。人是一種理性良知的存在，權力只有轉化爲道義感召力並被人們所感佩，才能眞正發揮出應有的效力。強制力只能規範人的外在行爲，卻不能使人心悅誠服。強制力的背後常常隱藏著分崩離析的反叛危機、倒戈相向的兇險徵兆。殷周之變，周武王伐紂之所以迅速取得成功，其關鍵的歷史因素之一即是商王朝的軍隊因痛恨紂王的恐怖統治而陣前倒戈，「周之勝殷，主要是依靠殷人的前徒倒戈」〔註81〕。暴力不能產生眞正的政治權威的歷史遺訓衍生中國尚「文」政治傳統的邏輯起點。

　　殷周之際的政治變遷不僅是一種王朝的改朝換代，更是中國歷史發展的轉折點，王國維在《殷周制度論》中說：中國政治與文化之變革，莫劇於殷、周之際。如果說殷周巨變，開啓中國文治政治觀念之先河，那麼秦漢之際的「馬上得天下、不可馬上治天下」的千古名言則奠定了中國尚文政治的精神主旨。

　　秦亡漢興又是中國歷史發展的一個重大轉折點。秦朝這個曾經威震四海的大帝國僅僅存在了 15 年就家滅國亡。這一令人警醒的重大政治事件留給後人許多深切的思考。陳勝吳廣起義不過數千人之眾，但卻點燃了焚毀秦王朝的烈火。威赫一時的秦帝國因何脆弱得如此不堪一擊？這的確是一個可資借鑒的重大問題。西漢王朝立國之初，士人學子針對前朝衰亡的歷史成因，提

〔註77〕 《易經·賁卦》。
〔註78〕 《管子·牧民第一》。
〔註79〕 《禮記·祭法》。
〔註80〕 《論語·季氏第十六》。
〔註81〕 侯外盧：《中國思想通史》，人民出版社，1957年，第71頁。

出很多具有遠見卓識的策論。其中尤以漢初儒生陸賈所提出的「馬上得天下，不可馬上治天下」的政治主張歷史意義最爲重大。

據《史記・陸賈列傳》記載，漢高祖因不滿陸賈經常引經據典，以《詩》、《書》爲論進言獻策，故而大罵：「乃公居馬上而得之，安事《詩》《書》」，陸賈針鋒相對反駁道：「居馬上得之，寧可以馬上治之乎？且湯武逆取而以順守之，文武並用，長久之術也」。〔註82〕夏桀與商紂兩個末代國主暴虐無道，致使天怒人怨，商王成湯與周武王乘勢而起，以武力奪得天下。但立國而後，商周兩代開國國君都推行善治，「順守」道義人心，從而奠基了商周兩代一千餘年的政治統治基礎。在這段策論中，陸賈以商王成湯與周武王的政治功績爲例證，深刻闡釋了商王成湯與周武王「逆取」與「順守」這一「文武」之道──可憑藉武力這一方式「逆取」國家政權，但經營國家，要推行善治，「順守」道義原則，使天下心悅誠服，遵循如此「文武」之道，國家才能長治久安。

陸賈的這段建言歷史影響極爲深遠，它不僅爲兩漢王朝「經國以文」的基本國策確立指導原則，同時也鑄就中國傳統社會文治化的精神品格，縱觀兩漢以後的歷代大一統中央王朝無不以文治立國。盛唐開國之初，唐太宗即詔諭朝臣「朕雖武功定天下，終當以文德遂海內」〔註83〕，「守成以文」遂成爲唐王朝的基本國策；宋太宗更是深切體認到「王者雖以武功克定，終須用文德致治」。〔註84〕「文致太平」由此成爲宋代立國安邦的基本指導原則，中國傳統社會由此全面步入「文治時代」，而後歷經明清一脈相承。

〔註82〕　參閱：《史記・陸賈列傳》。
〔註83〕　參閱《唐會要》卷33。
〔註84〕　《宋朝事實・聖學》卷3。

第六章 「經緯天地曰文」——「周貴文」繼往開來引領中國傳統社會尚「文」價值走向

　　「自后夔以來，樂以詩爲本」[註1]。尤其是周人建國後，「作禮樂以文之」，[註2] 厲行政治維新，「三教改易」，故「至周而尚文」。[註3] 周代尚文，早在數千年前正史即有記載，《史記》曰：「周人尚文」，[註4]「周貴文」[註5]。雅好詩文的向「文」之風繼往開來，與崇「樂」風習一脈相承，蔚爲國風與民風。社會風習的通行浸潤人們的心魂，久而久之，在潛移默化中逐漸沉澱爲人們的一種穩定的社會價值取向，從而規制整個中國社會的心理定勢，引領中國政治文化的精神走向，形塑中國政治傳統的向「文」本性。

一、「上帝降懿德」於文王——文王尚「文」與周代社會的上行下效

　　「詩書禮樂謂之文」。如果說在周代之前，華夏先民崇尚「樂」，那麼在自宗周以後，「樂」的崇尚逐漸流變爲尚「文」風尚：「蓋文王、周公皆尚文德，故周之治以文爲主」。[註6] 文王、周公斯文崇尚，奠基宗周社會尚「文」

〔註 1〕鄭樵：《樂府總序》。
〔註 2〕《漢書・董仲舒傳》。
〔註 3〕柳詒徵：《中國文化史》，東方出版中心，1988 年，第 119～頁。
〔註 4〕《史記・梁孝王世家》索隱。
〔註 5〕《禮記・王制》孔穎達疏。
〔註 6〕柳詒徵：《中國文化史》，東方出版中心，1988 年，第 120 頁。

風尚。周代尚「文」之風與崇」樂」風尚一脈相承,自宗周以致明清,歷經千古不衰。尚「文」之風伴隨上古先民文明里程的演進而日益凝結爲一種主流的社會價值傾向。尤其是周公改制,作禮樂以修文教,尚「文」之風日漸興盛。對於宗周時代的先賢聖哲而言,「文」不僅僅是一種人文形態,「文」就是宇宙萬物之本體,所謂「文之爲德也大矣,與天地並生者何哉!」從「文」與天地因何而並生的深切追問中,我們可深切領悟到古代先哲們對於「文」有著何等的崇敬之情。由於在古代先哲們的意識深處,「文」與天地並生,從而使「文」具有某種難以言喻的昭示天意神旨的宗教神啓性的內在意蘊,所謂「思文后稷,克配彼天」、「秉文之德,對越在天」。中國古代先民們就是通過「文」來通達天地,從而回應天命神意。中國先哲們雖然沒有明確的宗教信仰與天神崇拜,但「文」就如同神祇一般成爲他們頂膜禮拜的精神圖騰。宗周時代是中國傳統社會的奠基時代,尚「文」風尚作爲宗周時代的社會心理習俗經歷歷史長河的沉澱,縱貫千古,蔚爲華夏民族的內在心魂。

　　周人尚「文」、崇「文」,與周文王、周公旦有直接關係。文王在德行、爲政方面,堪爲周人的典範,周人對文王十分崇敬,彝銘謂:「曰古文王,初戾和於政,上帝降懿德,大屏,匍有四方,會受萬邦」〔註7〕《詩經》以及周代文獻,述周史多以文王爲中心而展開,新近面世的上博簡《詩論》中也有不少對於稱頌文王詩作的評析。〔註8〕周文王以「文」爲稱,可以推測,文王之稱,使「文」有了某種象徵意義,周人對「文」字本身情有獨鍾,很可能源自文王。周人建國後,周公「作禮樂以文之」,〔註9〕制禮作樂的目的,傳統上認爲是克商之後修文教。〔註10〕因此,周人在建國之初,即通過禮樂的形式,廣泛地接受了精神方面的教育。在禮樂制度規範薰染下,周人從「自然人」的狀態中擺脫出來,自覺地追求文明,成爲「文」化之人,流露出君子之風。周代社會「文」風盛行,可以說由文王開其端緒,周公制禮作樂爲其奠定基石。

　　對「文」的崇尚,使得周人努力通過各種途徑臻於「文」的境界。周人已經意識到學習知識是達於「文」的重要方法。《大戴禮記・傳》篇謂:「居

〔註7〕《牆盤》銘文,見《文物》1978年第3期。
〔註8〕《上海博物館館藏戰國楚竹書(一)》,上海古籍出版社,2001年。
〔註9〕《漢書・董仲舒傳》。
〔註10〕《禮記・樂記》曾記載周初制禮作樂的情況,孔疏云「周公召公以文德治之,以文止武」,意謂周人打敗。

則習禮文，行則鳴佩玉。」所謂「禮文」，就是「經曲（典）之篇卷也」〔註11〕指修習禮樂知識。周人強調通過學習滌蕩鄙陋粗俗之氣，改變人的氣質品格，謂：「君子不可以不學，見人不可以不飾。飾無貌，無貌不敬，不敬無禮，無禮不立。夫遠而有光者，飾也；近而逾明者，學也。」〔註12〕將對「文」的追求落實於「學」之上。因此，周人所崇之「文」在很大程度上是人的智慧、理性、精神轉化到外在身體上的表現。當知識充實、品德高尚時，即自然地體現出體態端莊、舉止溫厚、行為優雅的「文」氣。可以看到，出於對「文」的喜好，周人開始將修飾、道德、知識、才藝等多種因素融會起來，這就為人們將各種修養集於一身，發掘人的價值，培養完善人格，開闢了前景。當然，「文」在周代社會或許並未被民眾整齊劃一地所推崇、實踐，但就整體而言，足以為日常生活世界提供一個理想的模式。周代「文」風的浸潤，孕育出周人良好的精神氣質：以「文」為尺度，內在德行顯示出其「善」，修飾華麗顯示出其「美」，從而綜合地表現出通達、堂皇、典雅、莊重的氣質，此即「文」氣。具有「文」氣之周人，不再是平面的、單一價值的，而是豐富的、多重價值的。

　　對「文」的極度推崇，溶化於周人的思想情感之中。周人往往將先祖稱為「文人」或「前文人」，《尚書・文侯之命》載周平王誥命晉文侯，謂：「汝克紹乃顯祖，汝肇刑文武。用會紹乃辟，追孝於前文人。」周人祭祖時的樂歌《詩經・烈文》謂「烈文辟公，錫茲祉福」以「烈文」頌揚先祖，意指先祖具有最崇高、最豐富的文德。春秋時期，不僅以「文」讚頌祖先，且社會中開始流行以「文」稱頌當時一些頗負時譽的人物。如晉公子重耳「廣而儉，文而有禮」〔註13〕「敏而有文」，謂晉卿趙衰「為文」〔註14〕，吳國公子光「甚文」，〔註15〕鄭國子大叔「美秀而文」〔註16〕等等。春秋社會多溫文爾雅之士，即使糾糾武夫也不乏文采，這與社會中濃厚的尚「文」之風是分不開的。在尚「文」的社會風氣中，「文」的內涵不斷豐富，但也逐漸具有了抽象含義，即「文」成為各種修養、素質的綜合體現，單是「文」字本身，即獲得貴族

〔註11〕　王聘珍《大戴禮記解詁》卷 3 引盧辯注。
〔註12〕　《大戴禮記・勸學》。
〔註13〕　《左傳》僖公二十三年。
〔註14〕　《國語・晉語七》。
〔註15〕　《左傳》昭公三十年。
〔註16〕　《左傳》襄公三十一年。

喜愛。西周春秋時，周人盛行以「文」爲諡，貴族當中諡爲「文」者不勝枚舉。諸侯一級的有晉文侯、晉文公、楚文王、魯文公、衛文公、宋文公、鄭文公、許文侯等；卿大夫一級的則有齊鮑文子（鮑國）、陳文子（陳無須），晉趙文子（趙武）、中行文子（荀寅）、荀文子（荀礫），魯季文子（季孫行父）、叔孫文子（叔孫舒），衛公孫文子（公孫彌牟）、孔文子（孔圉）、孫文子（孫林父）等等，不一而足。貴族女子中也有以「文」爲稱者，如晉之文嬴，魯之文姜等。喜好以「文」爲稱，足見周人對「文」的崇尚。

周代貴族於「文」推崇備至，可以推測，這一風氣勢必影響到平民階層。周代的宗法與分封將貴族與平民納入同一網絡，在相互密切交織的關係中，貴族事實上無法避免將其舉止行爲、審美情趣等傳佈至社會下層。貴族優雅從容的氣度，會令普通民眾睹其斐然之文采而神往和仿傚，社會上層和下層行爲舉止之間的差距會因之縮小。社會學家埃利亞斯指出，隨著文明的發展，「城鄉下層被納入文明化行爲的準則之中，也愈益適應於以長遠眼光觀察事物，愈益習慣於對情緒的適度克制，並對其進行更爲精確的調節，在這些下層身上也逐步形成了自我強制的機制。在這些城鄉下層身上，也按照一個國家的結構史，在文明化的框架內形成了情緒調節的不同的規範或種類」。埃利亞斯還強調，「這種隨著社會結構變化而來的社會或個人間反差的減少，這種原先差別很大的行爲方式的獨特的相互滲透與混合，乃是西方社會不容忽視的特徵，這也是文明進程中最最重要的特點之一」〔註 17〕反觀周代社會，厚重的尚「文」之風必定浸淫漸漬於下層人心。《詩經》中有不少對於貴族儀容、風采的頌美詩作，如《蓼蕭》《都人士》等，其中不乏下層群眾的聲音。這些稱頌當中，與其說是民眾對於貴族的讚美，倒不如說是民眾對於貴族所體現的「文」的風采的豔羨。普通民眾喜好「文」，逐步被納入到文明的行列中來，這是社會整體風氣使然，也是周代社會整體文明高度發展的重要體現。

周人對「文」孜孜以求，歸根結底，顯示出周人個體文明程度的提高。我們知道就本質來說，文明人是在不斷克服與否定野蠻的過程中發展起來的。從甲骨卜辭及有關商代的文獻看，殷人的精神生活還未完全脫離原始粗野狀態，對於人格的完善、精神的昇華等問題還很少考慮。周人則於傳統生活中注入自覺的因素，以對「文」的追求來造就人性，塑造人格，開掘人自

〔註17〕埃利亞斯：《文明的進程———文明的社會起源和心理起源的研究》第 2 卷，王佩莉、袁志英譯，三聯書。

身的價值。周人從主觀上意識到，沒有「文」的氣息，難於拔乎卑污庸俗之外，此即戰國時人所說「好其實，不恤其文，是以終身不免埤污傭俗」〔註18〕所以，對「文」的崇尚，體現出周人對粗野、卑庸的摒棄，對高雅、文明的自覺追求。在尚「文」之風的陶冶下，周人比較嚴格而又細膩地協調生活、控制情感，使其向著愈益細緻、均衡的方向發展。較之殷人，周人在「文明化」的道路上大大躍進。此外，周代的尚「文」之風長期而持久地延續，說明有周一代已形成比較穩定的精神氛圍，且這一氛圍就貫穿於日用之中。推其功效，它使人們能夠將抽象的文化價值觀念具象化，落實於日常的行為舉止、外表儀態上，在潛移默化中完成對人的行為及其精神的塑造，使人之身心皆具有穩定不變之性格。也正是在這個層面上，我們更加能夠體會到尚「文」風氣對周代社會及華夏統一體的凝聚與鞏固所產生的重要歷史功效。「文」風彌漫於周代社會，由上層影響到下層，由中央滲透於地方，由中心擴散至邊緣，它包含、吸收、改造多種文化與傳統，敦風化俗、統一風紀、坊民淑世，一方面推動周人整體「文明化」的進程，另一方面不斷地把多樣的各種文化經過熔冶化為一個新的統一體，完成周代社會文化內部的整合與向外部的擴散。在整合與擴散中，華夏族日益成為緊密依存的共同體，華夏文化日益向著統一而又多樣、高度而又有力的方向發展。

二、「文」是一種貴族精神──尚文風尚與統治階層的身份定位

日本東京大學教授小森陽一曾說過：數千年以來，在以中國為中心、包括日本在內的漢字文化圈中，「文」是思想文化中的核心概念，以這一核心概念為精神原點，自遠古中國即形成一個源遠流長的「文」之傳統，這一傳統濫觴於夏商而奠基於西周。在漫長的歷史演變中，「文」的內涵與外延都在不斷變化著，在西周至春秋時代的貴族社會中。「文」實質上就是貴族制度與貴族文化的總名，同時也是使貴族成為貴族的文化符號系統。周人所尚之「文」，含義極其廣泛。「文」的基本概念與「武」相對，「文」的含義被引申之後，指詩、書、禮、樂等文化方面的內容，又與禮樂制度緊密相關。〔註19〕「文」

〔註18〕《荀子·非相》。
〔註19〕《論語·述而》記載：「子以四教，文行忠信。」劉寶楠《論語正義》說：「文謂詩書禮樂。」《論語·子罕》載孔子語：「文王既沒，文不在茲乎!」朱熹《論語集注》卷5曰：「道之顯者謂之文，蓋禮樂制度之謂。」這裡的「文」即指禮樂制度。

雖淵於禮樂，但又與此相區別，禮樂文明多側重於有形的制度、典禮以及由此衍生的具體的思想文化，而周人所尚之「文」的核心卻在於，它是典禮制度之下所培育出的一種精神品質。換句話說，尚「文」就是從民眾的精神性質這一角度體現出的周人的整體行爲方式以及情感表達方式。社會生活中，同樣可見濃厚的尚「文」風氣。不過，與「文德」政治所突出強調的道德、德行觀念不同，周人生活中所尚之「文」有著更爲豐富的內容。尚「文」的風氣深刻地影響著周人的動容舉止，對於周人文雅氣質的形成、周人文明程度的提高起到根本促進作用。周代貴族在服飾儀表方面講究「文」，依《禮記・表記》的說法，便是「容貌以文之，衣服以移之」，「君子服其服，則文以君子之容」〔註20〕在言辭方面，要注重文采，「出言有章」〔註21〕其所以如此，是由於周人認爲「言之無文，行之不遠」〔註22〕在舉止方面，講求「文」氣，要求「動作有文」，〔註23〕進退周旋中顯現出翩翩風度。在日用中，追求精緻華美，如貴族宴饗，「擇其柔嘉，選其馨香，潔其酒醴……」〔註24〕在諸多禮儀場合，鍾磬齊鳴、工歌金奏，歡悅而肅穆。

　　「文」的內涵閎大深微，〔註25〕關於「文」的內涵，朱熹曾有「經天緯地之文」與「文之小者」之分，說見《朱子語類》卷 29。推朱子之意，傳統文化之精髓及民族之精神氣概堪爲「經天緯地之文」，個人修養及日常間的從容應對可稱「文之小者」。這樣看來，本文所論述的周人日常中所追求的「文」以及「文」風的薰陶所孕育出的周人之精神氣質、「文」風對中國文化所產生的重要影響，與朱熹所說的「文」的內涵是符合的。綜合起來看，以德行及知識修養爲內涵，外現文雅、雍容、裕如的氣度與風範，這就是周人所崇尚的「文」之要義之一。

〔註20〕《禮記・表記》。
〔註21〕《詩經・都人士》。
〔註22〕《左傳》襄公二十五年。
〔註23〕《左傳》襄公三十一年。
〔註24〕《國語・周語中》。
〔註25〕關於「文」的內涵，朱熹曾有「經天緯地之文」與「文之小者」之分，說見《朱子語類》卷 29。推朱子之意，傳統文化之精髓及民族之精神氣概堪爲「經天緯地之文」，個人修養及日常間的從容應對可稱「文之小者」。這樣看來，本文所論述的周人日常中所追求的「文」以及「文」風的薰陶所孕育出的周人之精神氣質、「文」風對中國文化所產生的重要影響，與朱熹所說的「文」的內涵是符合的。

　　重視外表儀容是人的天性。人類大概在懂得了以衣避羞的那天起，外在的裝飾就不再僅僅具有遮雨禦寒的實用功能，同時還具有了審美的意義。從現有材料來看，早在仰韶文化時期，就出現了麻布類的織物，還有陶笄、骨笄、骨簪等飾物，這說明當時人不但在衣服的縫製穿戴上已經有了講究，而且還初步懂得了頭部裝飾。到了殷商時期，不但服裝比較講究，而且有些佩飾的製作也相當精美。到了周代，中國的服飾文化已相當發達。在《周禮》、《儀禮》等古代經典中，把服飾打扮的記述放在很重要的地位。《詩經》中關於周人服飾穿戴打扮的描寫非常突出，幾乎成了塑造人物形象的主要藝術手段。如《召南‧羔羊》、《衛風‧碩人》、《王風‧大車》、《鄭風‧緇衣》、《羔裘》、《子衿》、《出其東門》、《齊風‧著》、《唐風‧羔裘》、《秦風‧終南》、《檜風‧羔裘》、《曹風‧侯人》、《小雅‧裳裳者華》、《都人‧士》等詩，都是如此。我們可以這樣說，在先秦時代，優雅翩翩的外表形象首先是貴族所必備的條件，也是《詩經》中歌頌人物的重要主題。

　　服飾外表之所以成為先秦貴族文化修養的一部分，這是與當時的等級制分不開的。西周春秋時代是嚴格的等級制社會，它形成了一系列的等級規範，其中服飾也有嚴格的等級區分。君王和各級貴族的朝服官服且不必說，在形制、顏色、花樣上各有定制，就是日常生活的服裝也有等級差別。如《詩經‧七月》所說，當時的農奴庶民們穿的都是粗麻褐布，只有貴族「公子」們才能穿錦衣狐裘，而且這些貴族間的服飾也有等級差別，如《禮記‧玉藻》說：君王要穿白狐裘，外面還要罩上白色的錦衣外套。他的左護衛穿虎皮裘服，右護衛穿狼皮裘。因為白狐裘最為珍貴，士是不能穿的。一般的大夫士都穿豹皮袖的青色狐裘，外面套上青色綃衣外罩，或者穿胡犬皮袖的小鹿皮裘，外罩蒼青色的外套，或者穿豹皮袖的羊皮裘，外罩黑色外套，或者穿一般的狐裘，外加黃色的外套。錦衣狐裘，是諸侯穿的衣服。平時穿的犬羊之皮的衣服不加外套，在一些社交禮儀等場合則一定要加以修飾，以顯得更美。衣服是這樣，其它佩飾也有等級差別，最典型的是佩玉，《禮記‧玉藻》還說：「古之君子必配玉」，「君子無故玉不去身」，「天子佩白玉而玄組綬，公侯佩山玄玉而朱組綬，大夫佩水蒼玉而純組綬，世子佩瑜玉而綦組綬。」〔註26〕明白了這一點，我們再來看《詩經》中的有些描寫，就可以體會它所包含的文化意義了。如《秦風‧終南》一詩這樣寫道：「終南何有？有條有梅。君子至止，錦衣狐裘。顏如渥丹，其君

────────────

〔註26〕《禮記‧玉藻》。

也哉！終南何有？有紀有堂。君子至止，黻衣繡裳。佩玉將將，壽考不忘。」
按《毛詩序》所說，這首詩所歌頌的是秦襄公。

　　周代的貴族最講究風度，這首先從人的外表形象上表現出來。因而對他
們來說，講究服飾打扮也就是自然而然的事了。服飾打扮和人的風度的關係
有兩個方面，一是顯現他儀表的美，我們上面所引的《衛風・淇奧》和《秦
風・終南》二詩，就是很好的例證。二是要有與之相應的言行舉止，這也是
顯現貴族風度的另一個重要方面。《國語・周語下》說：「夫君子目以定禮，
足以從之，是以觀其容而知其心矣。目以處義，足以步目。」這句話的意思
是，貴族君子一切都要按禮而行，用眼來觀察，用腿來行動，看他的外表就
知道他的內心。《禮記・玉藻》在這方面也多有規定。如其中有一段說：

　　　　君子之居恒當戶，寢恒東首。若有疾風、迅雷、甚雨，則必變。
　　　雖夜必興，衣服冠而坐。日五盥，沐稷靧粱，櫛用樿櫛，髮晞用象
　　　櫛。

　　　　將適公所，宿齊戒，居外寢，沐浴。史進象笏，書思對命。既
　　　服，習容、觀玉聲，乃出。揖私朝，輝如也，登車則有光也。〔註27〕

　　無論在朝中還是在日常生活中時時都要注意自己的言行，孔子可以算是這
方面的榜樣。《論語・述而》說：「子之燕居，申申如也，夭夭如也。」〔註28〕
孔子在家閒居時穿得也很整齊，給人以和樂舒展的樣子。《鄉黨》中更有這樣
詳細的記載：

　　　　孔子於鄉黨，恂恂如也，似不能言者。其在宗廟朝廷，便便言，
　　　唯謹爾。朝，與下大夫言，侃侃如也；與上大夫言，誾誾如也。君
　　　在，踧踖如也，與與如也。君召使擯，色勃如也，足躩如也。揖所
　　　與立，左右手，衣前後，襜如也。趨進，翼如也。賓退，必覆命曰：「賓不
　　　顧矣」。入公門，鞠躬如也，如不容。立不中門，行不履閾。過位，
　　　色勃如也，足躩如也，其言似不足者。攝齊升堂，鞠躬如也，屏氣
　　　似不息者。出，降一等，逞顏色，怡怡如也。沒階，趨進，翼如也。
　　　復其位，踧踖如也。執圭，鞠躬如也，如不勝。上如揖，下如授。
　　　勃如戰色，足縮縮如有循。享禮，有容色。私覿，愉愉如也。〔註29〕

〔註27〕《禮記・玉藻》。
〔註28〕《論語・述而》。
〔註29〕《論語・鄉黨》。

在今天看來，孔子的行止也許過於呆板，但是在當時這卻是一個貴族必須做到的。這就是貴族的風度，也就是時人所倡導的日常行為美的一個重要組成部分。在《詩經》這部作品中，詩人讚美的貴族也正是這樣的人物。如《小雅·都人士》說：「彼都人士，狐裘黃黃，其容不改，出言有章。行歸于周，萬民所望。」那位穿著狐裘的都人士其實正是一位風度翩翩的貴族。他的儀容得體，說話有文采，因而受到詩人的熱情謳歌，把他說成是萬民仰慕的榜樣。

三、「令尹無威儀」則「不可以終」——「文」與政治權威的奠立

合乎等級的衣服還要有得體的行止威儀，這是表現貴族風度的兩個重要方面。若光有好的穿戴而沒有好的行止威儀，就會受到時人的批判。《詩經·鄘風·相鼠》就從批判的角度說明了先秦貴族講究威儀的重要性：「相鼠有皮，人而無儀。人而無儀，不死何為？相鼠有齒，人而無止。人而無止，不死何俟？相鼠有體，人而無禮。人而無禮，胡不遄死？」在《詩經》的其它詩篇裏，則對此作了更多的強調。傳為衛武公所作的《詩經·大雅·抑》，本為勸諫周王之詩，在詩中衛武公一再告訴周王的，就是要讓他注意威儀：「抑抑威儀，維德之隅」，「敬慎威儀，維民之則」，敬爾威儀，無不柔嘉。在另一首傳為召穆公刺厲王的詩《詩經·大雅·民勞》中，詩人也說：「敬慎威儀，以近有德」。在尹吉甫讚美宣王重臣仲山甫的詩《詩經·大雅·蒸民》中，詩人也這樣說：「仲山甫之德，柔嘉維則。令儀令色，小心翼翼。古訓是式，威儀是力」。在周王祭祀的詩篇中，也一再地說：「朋友攸攝，攝以威儀」〔註30〕「威儀孔時，君子有孝子」，「威儀抑抑，德音秩秩」〔註31〕而國家危難則是由於在位者的「不弔不祥，威儀不類」〔註32〕

關於周代貴族對於威儀重要性的認識，《左傳·襄公三十一年》有著甚為詳盡而又深刻的認識：

> 衛侯在楚，北宮文子見令尹圍之威儀，言於衛侯曰，令尹似君矣，將有他志，雖獲其志，不能終也，《詩》云：靡不有初，鮮克有終。終之實難，令尹其將不免，公曰，子何以知之，對曰，《詩》云：

〔註30〕《詩經·大雅·既醉》。
〔註31〕《詩經·大雅·假樂》。
〔註32〕《詩經·大雅·瞻卬》。

敬愼威儀，惟民之則。令尹無威儀，民無則焉，民所不則，以在民上，不可以終，公曰，善哉，何謂威儀，對曰，有威而可畏謂之威，有儀而可象謂之儀，君有君之威儀，其臣畏而愛之，則而象之，故能有其國家，令聞長世，臣有臣之威儀，其下畏而愛之，故能守其官職，保族宜家，順是以下皆如是，是以上下能相固也，《衛詩》曰：「威儀棣棣，不可選也」，言君臣、上下、父子、兄弟，內外、大小，皆有威儀也，《周詩》曰：「朋友攸攝，攝以威儀」，言朋友之道，必相教訓以威儀也，《周書》數文王之德曰：「大國畏其力，小國懷其德」，言畏而愛之也。《詩》云：「不識不知，順帝之則」。言則而象之也。紂囚文王七年，諸侯皆從之囚，紂於是乎懼而歸之，可謂愛之。文王伐崇，再駕而降爲臣，蠻夷帥服，可謂畏之。文王之功，天下誦而歌舞之，可謂則之。文王之行，至今爲法，可謂象之。有威儀也。故君子在位可畏，施捨可愛，進退可度，周旋可則，容止可觀，作事可法，德行可象，聲氣可樂，動作有文，言語有章，以臨其下，謂之有威儀也。〔註33〕

這段話說的是：襄公三十一年，衛侯到楚國去，北宮文子看到楚國令尹子圍的言行舉止等威儀不正常，就對衛侯說：「令尹的威儀舉止好像他的國君，他一定有野心。雖然他的野心可能得逞，但是卻不會長久。大概他不會幸免於難了。」衛侯說：「你怎麼知道呢？」北宮文子說：「《詩經》上說『敬愼威儀，唯民之則』。現在令尹沒有威儀，民無法傚仿。不能成爲人民的榜樣而位在人民之上，就不會得善終。」衛侯說：「說得好，但是什麼叫威儀呢？」北宮文子說：「有威嚴又讓人可畏就叫威，有禮儀又讓人能仿傚就叫儀。君有君的威儀，讓臣下既敬畏又愛，並以他爲榜樣來學習，所以他才能管理好國家，美名長存。臣有臣的威儀，讓下屬既敬畏又愛，所以才能勝任稱職，保住自己的宗族和家庭。以此類推都是如此，所以國家才能有穩固的秩序。《衛詩》上說：「威儀棣棣，不可選也」，就是講君臣、上下、父子、兄弟、內外、大小都要有威儀。《周詩》上還說：『朋友攸攝，報以威儀』，也說群臣朋友相交，都要以威儀來互相學習勸勉。《周書》在歷數文王之德時說：大國害怕他的力量，小國感念他的德行。說的就是畏而愛之的意思。《詩》上還說：『不識不知，順帝之則』，就是說要效法上帝的德行。以前紂王要把文王囚禁七年，

〔註33〕《左傳‧襄公三十一年》。

諸侯聽說後都願意跟著文王一起坐監獄，紂王於是就害怕了，就把文王給放了。這就是威儀之愛了。崇國不修德政，文王去討伐，崇國不服，文王修好德政再去，還沒到城下崇國就投降為臣了。其它蠻夷，聽說之後也都臣服了文王，這就是威儀之畏了。文王的功業，天下的人都來歌誦或舞蹈，這就是榜樣的力量了。文王之行，至今還是人們的法則，這就是威儀的典範了。這些都是因為文王的威儀。所以說君子在位可畏，施捨可愛，進退可度，周旋可則，容止可觀，作事可法，德行可象，聲氣可樂，動作有文，言語有章，以臨其下，謂之為有威儀也。」北宮文子的這段話把文王之德說得也許過於誇張，所謂被紂王囚禁七年諸侯也願意跟著他坐牢之事也不一定可靠，但是他對威儀的解釋卻極有意義，說明那個時代的貴族們對威儀是多麼重視。

在周代，「文」不僅僅體現為一種貴族精神與氣度，更體現為一種受人尊重的社會地位，在春秋前期，由於文化習慣的作用，「文」作為一個價值範疇也是受到相當重視的：

> （齊桓公）即位數年，岳濱諸侯莫敢不來服，而大朝諸侯於陽谷，兵車之屬六，乘車之會三，諸侯甲不解纍，兵不解翳，弢無弓，服無矢，隱武事、行文道，帥諸侯而朝天子。
>
> 桓公知諸侯之歸己也，故使輕其幣而重其禮。
>
> 桓公知天下諸侯多與己也，故又大施忠焉。
>
> 教大成，定三革，隱五刃，朝服以濟河。
>
> 而無怵惕焉，文事勝矣，是故大國慚愧，小國附協。唯能用管夷吾，甯喜，隰朋，賓胥無，鮑叔牙之屬而伯功立。〔註34〕

對於一個諸侯國來說，行「文道」或「文事」意味著在國家政治策略和治國方略上重視文化教育、道德修養方面，通過燦爛的文明與高尚的道德感召其他諸侯國，使之賓服，從而達到「不戰而屈人之兵」的目的。相對而言，「武」則是不得已而求其次了，是老子所說「不得已而用之」的「不祥之器」，從這裡的敘述中可以看出。「隱武事」、「行文道」、「文事勝」乃是春秋前期諸侯霸主最高的政治理想了，這說明，對於秉承了西周文化的春秋前期的貴族階層來說。「文」依然是一個富於魅力的價值範疇，一般說來，在此時，「文」雖然已經不像西周那樣是每位貴族必須遵守的價值觀念與行為規範，但依然

〔註34〕《國語·齊語》。

是一種受到尊重的貴族教養。《左傳》載一則秦伯宴請流落於外的晉公子重耳的故事：

> 他日，公享之。子犯曰：吾不如衰之文也，請使衰從，公子賦
> 《河水》、公賦《六月》，趙衰曰：重耳拜賜。公子降，拜，稽首，
> 公降一級而辭焉。衰曰：「君稱所以佐天子者命重耳，重耳敢不拜！」
>
> 〔註35〕

趙衰是晉國大夫，從公子重耳出奔，周遊列國，以「文」著稱，在諸侯面前多次為重耳博得尊重，僖公二十七年楚國率諸侯圍宋，晉國擬出兵救宋，趙衰曰：

> 郤縠可。臣亟聞其言矣，說禮樂而敦《詩》、《書》，《詩》、《書》，
> 義之府也；禮樂，德之則也；德義，利之本也。《夏書》曰：「賦納
> 以言，明試以功，車服以庸，君其試之」。

由上可知趙衰確實是位精通詩書禮樂的貴族，也正因為這樣，他極受晉文公重用，從而奠定了趙氏一族在晉國的特殊地位，這說明在春秋前期，「文」不僅僅是作為一種文化慣習或者教養而受到尊重，而且在政治生活中還具有很重要的實際意義與功能。又：

> 晉侯觀於軍府，見鍾儀，問之曰：「南冠而縶者，誰也」？有司
> 對曰：「鄭人所獻楚囚也」。使稅之，召而吊之，再拜稽首，問其族，
> 對曰：「泠人也」。公曰：「能樂乎」？對曰：「先人之職官也，敢有
> 二事」？使與之琴，操南音，公曰：「君王何如」？對曰：「非小人
> 之所得知也」。固問之，對曰：「其為大子也，師保奉之，以朝於嬰
> 齊而夕於側也，不知其他。」公語范文子，文子曰：「楚囚，君子也，
> 言稱先職，不背本也。樂操土風，不忘舊也。稱大子，抑無私也，
> 名其二卿，尊君也，不背本，仁也。不忘舊，信也；無私，忠也；
> 尊君，敏也。仁以接事，信以守之，忠以成之，敏以行之，事雖大
> 必濟，君盍歸之，使合晉、楚之成」。公從之，重為之禮，使歸求成。
>
> 〔註36〕

楚囚的言談表現出一種修養，一種令人尊敬的品德，范文子因為楚囚的這種「仁」、「信」、「忠」、「敏」的道德修養而勸晉侯釋放了他，可見「文」的貴

〔註35〕《左傳·僖公二十三年》。
〔註36〕《左傳·成公九年》。

族教養在當時人們心中是具有重要的位置。

值得注意的是，周人認爲這種外在的優雅風度和雍容舉止必須以內在的德行爲依據，《國語·周語下》載周卿單襄公說：

夫敬，文之恭也；忠，文之實也；信，文之孚也；仁，文之愛
也；義，文之制也；智，文之輿也；勇，文之帥也；教，文之施也；
孝，文之本也；惠，文慈也；讓，文之材也。〔註37〕

他將敬、忠、信、仁等美好德操都作爲「文」的內在依據，「文」成爲所有美好德行的總括。直至戰國時荀子仍然認爲，「誠美其德也，故爲之雕琢、刻鏤、黼黻、文章以藩飾之，以養其德」〔註38〕意爲有德者宜外表華美、優雅。在周人看來，德實爲「文」的內涵，脫離這一內涵，「文」即成爲裝飾品，容易流於輕浮。因此，周人所尚之「文」，是內外兼修的結果，它所強調的是外在之美必須建立在知識修養與德行心志的基礎之上。

〔註37〕《國語·周語下》。
〔註38〕《荀子·富國》。

第七章 「萬般皆下品，惟有讀書高」
——「周室既衰，風流彌著」與尚「文」風尚的千古承傳

　　周人以蕞爾小邦，開創八百年基業，形塑了華夏民族的政治定勢，根植了華夏民族的精神根基，規制了華夏民族的歷史走向。西周立國近三百年，至平王東遷，「周室既衰」，然「風流彌著」，文雅風華的尚「文」風尚的依然為社會主流價值取向。

一、「不學《詩》，無以言」：「文」是春秋貴族的身份標誌

　　先秦「君子在位可畏，施捨可愛，進退可度，周旋可則，容止可觀，作事可法，德行可象，聲氣可樂，動作有文，言語有章，以臨其下，謂之有威儀也」。〔註 1〕文雅言辭以及君子威儀是先秦士人身份地位的標誌，是等級秩序的符號，先秦貴族之為貴族，不僅在於其優越的政治經濟地位，更在於其優越的文化地位。

　　詩歌原本是遠古祭神話語，西周春秋之際逐漸從祭神儀式的歌舞樂章逐化為貴族社會的特有言說方式。西周春秋之際，賦詩言志逐漸成為通行於先秦貴族社會的精神風範。「古者諸侯抑大夫交接鄰國，以微言相感，當揖讓之時，必稱《詩》以喻其志，蓋以別賢不肖而觀盛衰焉，故孔子曰：「不學《詩》，無以言也」。春秋之後，周道浸壞，聘問歌詠不行於列國」。〔註 2〕這說明在春

〔註 1〕《左傳》襄公三十一年。
〔註 2〕《漢書‧藝文志》。

秋之時《詩》是貴族階層的通行話語，熟稔詩歌乃是貴族的基本修養，是一種身份性標誌。〔註3〕先秦貴族言行優雅、唇齒留香，其流風遺韻，浸潤世道人心，漸成風俗，蔚爲國風與民風。在西周春秋時期，上自天子、諸侯、士大夫，下至一般平民，或多或少都能吟詠歌詩。

春秋之際，中國傳統社會進入列國城邦時代，侯外廬、日知先生等認爲中國古典時代的國家道路是「城市國家」的道路，而春秋時代是成熟而典型的城邦時代。〔註4〕城邦時代，城市與鄉村涇渭分明，即所謂的「體國經野」、「都鄙有章」。居住在城市裏的人被稱爲君子，居住在鄉村的人，被稱爲「野人」或「小人」。城市與鄉村存在巨大差異，城市「君子」憑藉著政治統治的優勢，過著遠勝於鄉村野人的生活。貴族之爲貴族，除了擁有崇高的政治地位之外，還必須有著精神風範上的尊貴性，其一言一行都要透出高雅與尊貴，如果言談粗鄙、舉止低俗，即便位居很高的社會地位，也會被人所輕視。所以，賦詩、引詩遂成爲一種貴族社會風氣。

詩是一種「雅言」的話語，是受過教育的人才能夠言說的話語，故而成爲貴族階層文化身份標誌。爲了以「別賢不肖以觀盛衰焉」，祭祀神明、朝聘會盟、邦國外交、社交宴飲，士大夫皆賦詩、引詩，蔚爲風尚，這是春秋前尚禮之遺風使然。春秋之際，雖禮崩樂壞，但遺風猶存。在諸多等正式場合，話語直白難免對人有所冒犯，爲不失禮儀之規，士大夫常以詩句爲辭令委婉表達自己的內在意願。春秋之世，公卿、大夫、士子成言立說，賦詩、引詩蔚然成風。《左傳》中記錄了列國間許多弘大的賦詩觀詩場面，按照清朝學者勞孝輿的統計，《左傳》記載列國賦詩場面共 32 處，共賦詩 74 首（含逸詩），所賦詩篇涉及到風雅頌的各個方面，時間從公元前的 637 年到公元前的 506 年。形成了長達一百三十多年的「春秋一場大風雅也」。〔註5〕

在春秋時期，上自天子、諸侯、士大夫，下至初具一定文化素養的平民百姓，或多或少皆可吟詠歌詩，這種詩化的時代風尚與《詩經》在上古中國社會中的崇高地位有著血脈相連的內在關聯。《詩經》的名稱雖然是漢代才有的，在先秦時代一般稱《詩經》爲《詩》或《詩》三百，但《詩經》作爲經

〔註3〕李春青：《詩與意識形態》。

〔註4〕參閱侯外廬：《中國古代社會史論》，人民出版社，1955 年；日知：《古代城邦史研究》，人民出版社，1989 年。

〔註5〕勞孝輿：《春秋詩話》，廣東教育出版社，1996 年。

典著作的地位實際上在春秋時期已經確定了。據《左傳》僖公二十七年載：
「《詩》、《書》義之府也，《禮》、《樂》，德之則也。」〔註6〕可見早在公元前
633 年之時，《詩經》的崇高地位業已確定，它被人們公認為義理的府庫。正
因為《詩經》是義理的府庫，又體現了社會各階層正直的心聲，因而《詩經》
被人們廣泛地引用，僅以《左傳》為例統計，在春秋二百四十年間，各種人
物引證《詩經》（含《詩經》的逸詩）就達 230 多次，而在孔子二十歲以前，
引證的有 207 次之多。這更證明了《詩經》的崇高地位遠在孔子之前就確立
了。《詩經》的崇高地位其及權威性，是春秋士大夫賦詩、引詩蔚為風尚的重
要原因之一。

　　據清人魏源在《詩古微・夫子正樂論》中統計，《國語》引詩 31 處，《左
傳》引詩 217 處。這些引詩賦詩活動涉及到宗教祭祀、外交往來、禮儀道德、
生活教育等廣泛的領域，《詩經》已經全面走進春秋貴族的社會生活。春秋時
期的諸侯卿大夫都是自幼學詩，從攝職從政的男子到閨閣中的婦女，從中原
各國到稱為異族的蠻戎都練就出觸景賦引應對自如的用詩本領。所以聞一多
先生說：「詩似乎沒有在第二個國度裏，像它在這裡發揮過的那樣大的社會功
能。在我們這裡，一出世，它就是宗教，是政治，是教育，是社交，它是全
面的社會生活。」〔註7〕的確，還沒有哪一個國度哪一個時代像春秋時代那樣，
將詩納入如此廣泛的日常生活中。《詩》作為宗廟祭祀之言，對越神明，莊嚴
肅穆；《詩》作為宴飲社交之語，唱和應答，其樂融融；《詩》作為外交辭令，
折衝對答，縱橫捭闔，其現實的社會意義極為重大，故孔子曰：「不學《詩》，
無以言」。〔註8〕「《詩》可以興，可以觀，可以群，可以怨，邇之事父，遠之
事君」。〔註9〕「誦《詩》三百，授之以政，不達，使於四方，不能專對。雖
多，亦奚以為」。〔註10〕由於《詩經》在先秦時期，現實意義甚為重大，因而
《詩經》是先秦社會貴族子弟的必修課。《論語・秦伯》說：「興於《詩》，立
於《禮》，成於《樂》。」古代歌詩是配樂的，因此所謂「樂語」就是指配樂
而唱的歌詞—詩歌。「興、道、諷、誦、言、語」，是指運用「樂語」表情達
意的各種不同方式。「國子」（貴族子弟）只有通過大司樂有關樂語的正確傳

〔註 6〕《左傳・僖公二十七年》。
〔註 7〕聞一多：《神話與詩・文學的歷史動向》，古籍出版社，1956 年，第 202 頁。
〔註 8〕《論語・季氏》。
〔註 9〕《論語・陽貨》。
〔註 10〕《論語・子路》。

授和嚴格訓練，才能有效地掌握《詩經》社會交流的功能。

顧頡剛先生在本世紀初曾說：「《詩經》這一部書，可以算做中國所有的書籍中最有價值的。」〔註11〕《詩經》是世界文學寶庫中的瑰寶之一，《詩經》除了具有不朽的文學價值外，它還具有極為特別的政治文化意義，尤其在中國傳統社會中，詩不僅僅是一種文學體裁和藝術話語，更是人格身份的象徵，詩儼然已成為中國傳統士人身份、地位、等級、精神氣質和文化修養的象徵性符號。

二、「遺子黃金滿籯，不如一經書」與兩漢的崇儒尚文

繼殷周之變而來，秦亡漢興承上啓下，千古時局為之巨變：「蓋秦漢間為天地一大變局」。〔註12〕漢朝，作為中國歷史上第一個全盛的封建王朝，它翻開了民族歷史上的新一頁，奠定了此後一千多年中國古代社會的基本形態。漢人、漢語、漢字與漢學儼然已成為華夏民族與中國文化的代表與象徵。漢代雖然在政治上開啓了中國歷史的新紀元，但在文化風俗上則一如既往地承續著西周以來的詩樂傳統。中國自殷周以來，就文風鼎盛，詩意盎然，素有「詩國」的美譽。吟詠歌詩是華夏先民源遠流長的文化傳統，蔚為千古民風。即便身為赳赳武夫，亦能慷慨抒懷，吟詠歌詩。西楚霸王項羽雖為橫空出世的一介武夫，其文學才情亦有表現。一首《垓下歌》既唱出了一代英雄的衝天豪氣，也浸透著英雄強弩之末的悲壯與蒼涼。其詩慷慨激烈，有千載不平之餘憤。兩千年來，不知讓多少人同聲一歎！以勇武無文而著稱的項羽尚且能慷慨悲歌，成就千古詩文絕唱。至於彬彬文士，則更是「鋪采摛文」，飛揚大賦，一時間，「英華沉浮，洋溢八區」，〔註13〕蔚為兩漢世風。文風的鼎盛奠定了漢代士人學子的社會地位。在「以經治國」的時代方略中，「遺子黃金滿籯，不如一經書」遂成為漢代社會的基本價值取向。

漢代以武開國。中央領導集團大多出身草莽，以性情「僄勇輕悍」的楚人為統治基幹。〔註14〕立國之初，上承關東六國游俠之風，下接秦代「崇利而簡義，高力而尚功」之餘風。〔註15〕整個社會彌漫著尚武崇利、輕急疏放

〔註11〕 顧頡剛：《〈詩經〉在春秋戰國間的地位》，《古史辨》第 3 冊下編。
〔註12〕 趙翼：《廿二史箚記》，中華書局，1984 年。
〔註13〕 《漢書·揚雄傳》。
〔註14〕 《史記·淮南衡山列傳》。
〔註15〕 《鹽鐵論·非鞅》。

的風氣。《史記・叔孫通列傳》載，漢高祖劉邦初即帝位，「悉去秦苛儀法，
爲簡易。群臣飲酒爭功，醉或妄呼，拔劍擊柱」。〔註16〕當時之朝臣尙且如此
不拘規矩繩墨，一般民眾的輕悍放縱可想而知。

　　雖然漢初民風疏放、崇武尙力，但這只是中國傳統社會風俗的精神表層，
吟詠歌詩的樂舞傳統仍是漢代社會的精神主脈與文化基因。早在戰國之際，
儘管中原爭戰，文士熱衷於縱橫之術，詩歌呈寥落之狀，但南國楚地，詩壇
仍熠熠生輝，楚辭以其慷慨悲遠的情懷開啓了中國詩歌文化史的新篇章。楚
辭的興起，打破了《詩經》以後兩三個世紀中國詩壇的的寥落沉寂，在中國
傳統詩歌文化中獨步千古。後人也因此將《詩經》與《楚辭》並稱爲風、騷。
風指十五國風，代表《詩經》，充滿著現實主義精神；騷指《離騷》，代表《楚
辭》，充滿著浪漫主義氣息。風、騷成爲中國古典詩歌現實主義和浪漫主義的
創作的兩大流派。西漢王朝崛起於南國楚地，雖開國以武，但秉承楚辭遺韻，
文脈綿延。大漢初定，日不暇給。至於武、宣之世，乃崇禮官、考文章，內
設金馬石渠之署，外興樂府協律之事，以興廢繼絕。建制樂府，以政府行爲
采詩夜誦，實爲中國文明所獨有。樂府雖始設於秦，但定制於漢。漢代「樂
府詩」大多采集民間，其「感於哀樂，緣事而發」的詩文情懷開啓中國現實
主義文學之先河，極具文學藝術價值。一般民謠詩文，其詩情才藝尙且如此
突出，足見當世民風中內蘊著源遠流長的詩情文脈。定郊祭、設樂府，不僅
復興了漢代詩壇，更爲重要的是，樂府詩文「以興廢繼絕」，使源遠流長的中
華文脈得以生生不息。流芳千古的「詩國」文運根植了漢代皇室的詩情基因。

　　崇儒尙文，時至東漢蔚爲鼎盛。西漢「以經治國」，百餘年間，中國傳統
社會日益儒雅化。與西漢建國之初中央領導集團粗陋少文不同，東漢開國君
臣大多崇好儒學經文，君爲儒君，臣爲儒臣，將爲儒將，誠如史家所言：「諸
將帥皆有儒者氣象」。〔註17〕隨著東漢社會經學化程度的日益深入，經學教育
遍佈城鄉，「四海之內，學校如林，庠序盈門，獻酬交錯，俎豆莘莘，下舞上
歌，蹈德詠仁」。〔註18〕經學文化浸透於民間生活的各個層面。「修身、齊家、
治國、平天下」，無不浸潤儒雅氣象。「修身以文」蔚爲世人風範；世家大族
以博儒通經爲世所重，經學傳家蔚爲家學門風。

〔註16〕《史記・劉敬叔孫通列傳》，第 2722 頁。
〔註17〕趙翼：《廿二史劄記》卷四。
〔註18〕《後漢書・班彪列傳》，第 1368 頁。

自西漢自漢武帝「罷黜百家，表章六經」以後，「九州易俗」，經學觀念儼然已浸入世道人心。時至東漢，「六合同風」，經學鼎盛。「崇經好儒」蔚爲家風、民風與世風。「修身以文」的儒家風範爲世人所稱慕，整個社會的風氣逐漸由輕急疏放變爲儒雅持重。儒家除提倡忠孝節義等倫理文德外，還注重言談舉止的持重舒徐，摒棄輕浮躁切之氣。《論語・學而》說：「君子不重則不威，學則不固。」〔註19〕錢穆先生在《論語新解》中講：「人不厚重，則失威嚴，不爲人敬」。《禮記・玉藻》云：「君子之容舒遲，見所尊者齊遬。足容重，手容恭，目容端，口容止，聲容靜，頭容直，氣容肅，立容德，色容莊」。〔註20〕揚雄在《法言・修身》中說：

> 或問：「何如斯謂之人？」曰：「取四重，去四輕，則可謂之人・」
> 曰：「何謂四重？」曰：「重言，重行，重貌，重好。言重則有法，
> 行重則有德，貌重則有威，好重則有觀。」「敢問四輕。」曰：「言
> 輕則招憂，行輕則招辜，貌輕則招辱，好輕則招淫。」〔註21〕

這段話明確陳述了取「重」去「輕」的爲人原則，反映了西漢以來，士風乃至整個社會風氣中，經學義理已浸透於士人學子的言談舉止之中，足見整個社會經學化程度日益加深，禮文風尚漸成士人風範，經學風尚濡染千家萬戶。

三、「文皇英姿間出」引領大唐崇文風尚

中國是詩的國度，唐詩是中國詩歌藝術的巔峰。唐詩數量之多、品位之高、影響之大，獨步千古，可謂空前絕後。對於唐朝先人而言，詩不再僅僅是一種局限於文人雅士的文藝形態，而是一種滲透於社會各個層面的生活方式。舉凡慶典、飲宴、遊覽、歡會、送別等場合，情之所至，吟詠歌詩，蔚爲社會禮儀。當時官員外任，依禮設宴餞行，一般都要賦詩送別，否則會遭世人鄙視，吟詠歌詩已蔚爲高貴身份的象徵。在這種詩文崇尚的社會文化語境中，唐代全民崇尚詩歌，「唐詩人上自天子，下逮庶人，百司庶府，三教九流，靡所不備。」〔註22〕從天子以至一般庶人，三教九流大都能吟詠歌詩，唐代的尚文之風已浸潤社會生活的各個階層。詩文風尚鑄就了文雅風華的盛

〔註19〕《論語・學而》。
〔註20〕《禮記・玉藻》。
〔註21〕揚雄：《法言義疏》，，汪榮寶義疏，陳仲大點校，中華書局・1987 年，第 96 頁。
〔註22〕胡應麟：《詩藪》「外編」卷三，上海古籍出版社，1979 年，第 170 頁。

唐氣象。

　　唐王朝雖以武力開國，但卻以文統定於天下。李氏王朝之先祖出身於關隴高門貴族，世代皆爲北朝武將。家族傳統教育雖以騎射征戰爲要務，但立國之後，歷代帝王大多雅好詞章，蔚爲「文皇」。在這其中，尤以唐太宗的詩文才情最具時代意義。

　　唐太宗李世民不僅是一位傑出的政治家、軍事家，而且還是一位詩人，是初唐詩壇最重要的作家之一。唐太宗李世民在開國之際，以勇武征戰疆場，風行萬里，橫掃天下，一統江山，開創大唐三百餘年之江山社稷，確立了威震天下的帝王聲威。唐太宗李世民雖以武力開國，但其本身並非一介武夫，而是「天才宏麗，興寄玄遠」的一代「文皇」。在總攬朝政、日理萬機之餘，唐太宗手不釋卷，酷愛讀書。貞觀八、九年時，他常自誇：

> 朕年十八便舉兵，年二十四定天下，年二十九爲天子，此則武勝於古也。少從戎旅，不暇讀書，貞觀以來，手不釋卷，知風化之本，見政理之源，行之數年，天下大理，……此又文勝於古也。〔註23〕

李世民無疑是歷史上最有作爲的皇帝之一，他馬上征討，歷盡艱辛，平定天下，故「武勝於古也」；貞觀初年，唐太宗欽定「偃武修文」的基本國策，勤勉爲政，任用賢才，勇於納諫，大唐王朝呈現出政治修明的局面，「此又文勝於古也」。據《舊唐書》載，太宗「聽覽之暇，留情文史，敘事言懷，時有構屬，天才宏麗，興寄玄遠。」〔註24〕朝政之餘，太宗常挑燈夜讀，廢寢忘食地披覽先朝典籍。「殿左置弘文館，悉引學士番宿更休。聽朝之閒，則與討論典籍，雜以文詠，幾日員夜艾。未曾少怠。詩筆草隸，卓越前古」。〔註25〕唐太宗著有文集四十卷、《帝範》四卷、《凌煙閣功臣贊》一卷、詩一百一十一首，賦五篇。其創作數量相當可觀。太宗以其創作實績，不僅書寫了自己的生活經歷和思想感情，而且對齊、梁、陳、隋以來的虛華浮豔詩風有所糾正，開創貞觀文壇創作的新局面，對於唐代詩歌的繁榮產生重要影響。

　　從歷史上看，大凡開國創業之帝王君主，即使不擅長作詩，偶遇感慨，發爲歌詠，也多爲雄偉之詞，慷慨之音，如項羽的《垓下歌》、漢高祖的《大

〔註23〕《貞觀政要》卷十。
〔註24〕《舊唐書》。
〔註25〕謝无量：《中國大文學史》卷六，1926年。

風歌》、魏武帝的《短歌行》等,盡皆蒼涼悲壯,有氣蓋一世,冠絕千古之氣,所以能如此,自然與他們縱橫於千軍萬馬之間而形成的英雄氣概有關。李世民早年親率軍旅,馳騁天下,掃蕩群雄,其詩文自然昂揚著雷霆萬鈞之勢。

在血與火的磨礪之中,唐太宗言志抒情,面對舉國昇平的景象,自然滿懷勝利的歡欣,形諸歌詠,體現出高邁的情懷。在《正日臨朝》詩中,他看到「百蠻奉遐贐,萬國朝未央」、「車軌同八表,書文混四方」的太平盛世,喜悅之情溢於言表。又如《幸武功慶善宮》:

> 壽丘惟舊跡,酆邑乃前基。粵予承累聖,懸弧亦在茲。弱齡逢運改,提劍鬱匡時。指麾八荒定,懷柔萬國夷。梯山咸入款,駕海亦來思。單于陪武帳,日逐衛文□。端宸朝四岳,無為任百司。霜節明秋景,清冰接水湄。芸黃徧原隰,禾穎積京畿。共樂還鄉宴,歡比大風詩。

詩中雖重在頌揚功德,但穿插往事的回顧,亦不乏真情實感,尤其「霜節明秋景,清冰接水泥。芸黃遍原隰,禾穎積京畿」等語,境界開闊,色彩鮮明,有別於一般宮廷詩之俗靡。屬於同一題材的《重幸武功》,其中,「駐蹕撫田畯,回輿訪牧童」,頗有情趣;「孤嶼含霜白,遙山帶日紅」等句,言外之旨,耐人尋味。《過舊宅二首》也寫得古樸典雅,情致遠大:

> 新豐停翠輦,譙邑駐鳴笳。園荒一徑斷,苔古半階斜。前池消舊水,昔樹發今花。一朝辭此地,四海遂為家。(其一)

> 金輿巡白水,玉輦駐新豐。紐落藤披架,花殘菊破叢。葉鋪荒草蔓,流竭半池空。紉珮蘭凋徑,舒圭葉翦桐。昔地一蕃內,今宅九圍中。架海波澄鏡,韜戈器反農。八表文同軌,無勞歌大風。(其二)

這兩首詩,感情真摯,雖然與漢高祖劉邦之《大風歌》有著共通的精神情懷,但卻無傷感之緒。第一首從格律上講是標準的五言律詩,抒發唐太宗的高遠志願,表達出他開闊的胸襟,體現出一代英主卓越不凡的風度與氣魄;第二首詩反映太宗對國家的前途充滿信心,對唐王朝的前景表達了樂觀的情懷。

戎馬生涯貫穿唐太宗的大半生涯,即便當他登上帝位時也沒有沉湎於太平盛世的享樂,而是念念不忘於往昔征戰天下的崢嶸歲月,每當提及當年的軍旅生涯便橫貫著激越的戰鬥豪情。如《經破薛舉戰地》:

> 昔年懷壯氣,提戈初仗節。心隨朗日高,志比秋霜潔。移鋒驚

電起，轉戰長河決。營碎落星沈，陣卷橫雲裂。一揮氛沴靜，再舉
鯨鯢滅。放茲俯舊原，屬目駐華軒。沉沙無故迹，減竈有殘痕。浪
霞穿水淨，峰霧抱蓮昏。世途亙流易，人事殊今昔。長想眺前蹤，
撫躬聊自適。

在隋末揭竿而起的群雄當中，薛舉是最爲彪悍凶驚的一支勁敵。義寧元年
（617 年），「薛舉以勁卒十萬來逼渭濱，太宗親擊之，打敗其眾，追斬萬餘
級」，〔註 26〕是年太宗僅十九歲。這首詩係作者經過扶風舊戰場時，撫今思
昔，追憶當年在此大破薛舉的這場鏖戰，回溯其往昔的淩雲壯志與赫赫戰
績，至感快慰。該詩氣勢恢宏，驚心動魄，具有強烈的藝術感染力。又如《還
陝述懷》：

慨然撫長劍，濟世豈邀名。星旌紛電舉，日羽肅天行。遍野屯
萬騎，臨原駐五營。登山麾武節，背水縱神兵。在昔戎戈動，今來
宇宙平。

全詩以高昂激越的情懷，抒發著唐太宗高遠的政治抱負。「慨然」二字領起全
詩，展現一代英豪慷慨、沉雄之浩蕩之氣。在概寫隋末動亂群雄競逐之餘，
抒發拯濟蒼生而不計名利的君子情懷，洋溢著「今來宇宙平」的勝利喜悅之
情。上述這些詩均追懷往事，但由於作者親歷其境，具有獨特的現實感觸，
故顯得頗爲眞切感人。

往昔歲月的回憶、重遊故地的感慨亦是唐太宗述懷言志詩的一個重要內
容，這些詩多爲懷舊思古之作，表現作者對往昔崢嶸歲月的感念，充滿著浩
蕩千古的豪邁之情。如《重幸武功》：

代馬依朔吹，驚禽愁昔叢。況茲承眷德，懷舊感深衷。積善忻
餘慶，暢武悅成功。垂衣天下治，端拱車書同。白水巡前迹，丹陵
幸舊宮。列筵歡故老，高宴聚新豐。駐蹕撫田畯，回輿訪牧童。瑞
氣縈丹闕，祥煙散碧空。孤嶼含霜白，遙山帶日紅。於焉歡擊筑，
聊以詠南風。

其詩以重回故地之感慨爲主，表現詩人對往昔歲月的回憶與當下太平盛世的
欣慰，詩中洋溢著一種積極進取的情懷。此類詩還有如《過舊宅二首》、《還
陝述懷》、《執契定三邊》、《登三臺言志》、《入潼關》等，皆氣勢恢宏，情懷
慷慨，充滿著昂揚奮進、慷慨豪邁的浩大之氣。

〔註 26〕劉昫：《舊唐書·太宗紀》，中華書局，1975 年，23 頁。

　　唐太宗的詩作充分體現出他豪邁的情懷與高遠的志向，同時也展現貞觀
文人慷慨沉雄的精神風骨與昂揚奮發的進取意識，是貞觀文壇的卓越代表，
從他的詩作中，我們也可以充分感受到太宗以史為鑒、居安思危、勵精圖治
的政治情懷。

　　唐太宗為人睿智英武，文治武功皆極顯赫。日理萬機之餘，兼好文藝，
延攬群書，詩詞唱和，留下不少詩文佳作。《帝京篇》十首即為其詩作名篇，
這些詩作主要是描寫唐帝國京都的雄偉壯麗以及武宴畋獵、臨館聽樂、逸遊
苑林、泛舟川嶼、賞景玩琴、宴飲抒懷、夜宴觀舞等，這些詩作文筆壯麗，
屬對工整，音韻諧美；同時胸襟宏大，境界開闊，氣勢雄健。明胡應麟《詩
藪》評曰：「唐初惟文皇《帝京篇》藻瞻精華，最是傑作。」〔註27〕

　　唐太宗的詩作不僅橫貫著氣吞萬里如虎的英雄豪情，也沁潤著風花雪月
的文雅風情。李世民既不同於耽於聲樂而誤國之陳後主、隋煬帝，也不同於
「不悅文藝」之隋文帝，更不同於起於草莽、胸無點墨的草莽流寇。唐太宗
有著較為深厚的文學素養，對於一些文學、藝術現象有著自己的闡釋、評價
觀念，並表露出自己的審美情趣。

　　從唐太宗李世民的詩作來看，他不但是一位卓越的政治家與軍事家，而
且也是一位造詣頗深的詩人。唐太宗詩文數量之大、才情之高，超逸於世。
太宗以天子之尊與詩壇盟主的雙重身份滌蕩六朝以來的宮體詩風的俗靡與陳
腐，對有唐三百年之文風、世風產生了深遠影響。

　　太宗一生雅好詩文書法，他不僅是大唐王朝的政治領導人，而且還是初
唐文壇領袖。有唐三百年，詩風興盛，尚文之風洋溢四海之內，太宗實開風
氣之先。

　　唐太宗以後，歷代唐朝帝王也大多雅好詩文，可謂「文皇」輩出，多有
上乘佳作。唐太宗的繼任人唐高宗本性仁慈、低調、儉樸，不喜興土木，不
喜遊獵，雖非才華橫溢之人，但偶做詩文，也堪稱上乘之作。《增訂注釋全唐
詩》評價高宗皇帝「能詩文，善正書」，〔註28〕其詩如《謁大慈恩寺》：

　　　　　日宮開萬仞，月殿聳千尋。花蓋飛團影，幡虹曳曲陰。綺霞遙
　　籠帳，叢珠細網林。寥廓煙雲表，超然物外心。
高宗謁訪玄奘法師收藏經書的大慈恩寺，首句將大慈恩寺擬為日宮月殿，並

〔註27〕胡應麟：《詩藪》，上海古籍出版社，1979年。
〔註28〕陳貽焮主編，增訂注釋全唐詩〔M〕，文化藝術出版社，2001年，第20頁。

以誇張的手法表現寺院建築的雄偉高峻。中四句，以皇帝的車篷似飛動的雲團，飄然的條幡如飄垂的彩虹，綺霞籠帳，珠寶飾廟，濃墨重彩地大肆渲染，烘托車馬隨從的繁華，場面可謂壯觀。而尾句，詩人的筆觸又轉向寥廓的宇宙雲表，超然物外的心緒油然而生，這與前面的繁華又形成鮮明的反襯對照，從一側面折射出詩人的安然與清淨。又如《九月九日》：

> 端居臨玉宸，初律啓金商。鳳闕澄秋色，龍闈引夕涼。野淨山氣斂，林疏風露長。砌蘭虧半影，巖桂發全香。滿蓋荷凋翠，圓花菊散黃。揮鞭爭電烈，飛羽亂星光。柳空穿石碎，弦虛側月張。怯猿啼落岫，驚雁斷分行。斜輪低夕景，歸斾擁通莊。

皇宮秋日風光美好，天氣夕涼。詩人閒情雅致，描摹景致，遠到秋野明淨，山氣微斂；近到砌蘭半影，岩桂滲香，翠荷如雲，菊花散黃，柳枝穿空，月如虛弦，而後又聽到山中猿啼悲切，空中驚雁哀鳴，可謂意象細密，輾轉變幻。再如《過棲巖寺》：

> 旋驄登雪嶺，飛斾駐香城。路盤高下騎，峰回出沒旌。簇野千叢暗，長河一帶明。

面對峰廻路盤，詩人騎馬登嶺，可見其氣魄，尤其「簇野千叢暗，長河一帶明」景物描寫可謂恢宏壯闊。

武則天是中國歷史上的唯一女皇。史書《舊唐書·則天皇后本紀》中亦贊之曰：「天后素多智計，兼涉文史。」其詩如《通和》：

> 皇皇靈眷，穆穆神心。暫動凝質，還歸積陰，功玄樞紐，理寂高深。銜恩佩德，聳志翹襟。

又如《昭和》：

> 九玄眷命，三聖基隆。奉成先旨，明臺畢功。宗祀展敬，冀表深衷。永昌帝業，式播淳風。

以上詩作均敬仰膜拜神靈，頌揚天命眷顧下自己建立的四海昇平的帝王基業，勸誡君臣同心，以期基業長存。

再如《石淙》：

> 三山十洞光玄籙，玉嶠金巒鎮紫微。均露均霜標勝壤，交風交雨列皇畿。萬仞高巖藏日色，千尋幽澗浴雲衣。且駐歡筵賞仁智，琱鞍薄晚雜塵飛。

詩人筆下的崇山石淙之地，金山玉峰雄鎮紫微，高岩直撥，遮掩日色，千尋

幽澗，雲霧迷蒙。普天之下，風調雨順，萬眾安居樂業，詩人將壯麗的山河與富強的國家緊密關聯，處處洋溢著身為一代英主的豪邁與自信。

武則天執政的時代在中國古代社會中具有獨特的歷史意義。陳寅恪先生在《記唐代之李武韋楊婚姻集團》中有云「武曌則以關隴集團外之山東寒族，一旦攫取政權，久居洛陽，轉移全國重心於山東，重進士詞科之選舉，拔取人才，遂破壞南北朝之貴族階級，運輸東南之財賦，以充實國防力量諸端，皆吾國社會經濟史上重大之措施，而開啓後數百年以至千年後之世局者也」。〔註29〕武則天一生鍾愛文史，「君臨天下二十餘年，當時公卿百辟，無不以文章達，因循日久，寖以成風」〔註30〕。

繼武則天之後，唐中宗也雅好文學，《新唐書》中記載「凡天子饗會遊豫，惟宰相及學士得從。……帝有所感即賦詩，學士皆屬和。」〔註31〕其詩如《立春日遊苑迎春》：

> 神皋福地三秦邑，玉臺金闕九仙家。寒光猶戀甘泉樹，淑景偏臨建始花。綵蝶黃鶯未歌舞，梅香柳色已矜誇。迎春正啓流霞席，暫囑曦輪勿遽斜。

這首帝王遊春詩，全篇講究對仗，氣語溫潤柔和，文筆清秀雅致。又如《石淙》：

> 三陽本是標靈記，二室由來獨擅名。霞衣霞錦千般狀，雲峰雲岫百重生。水炫珠光遇泉客，巖懸石鏡厭山精。永願乾坤符睿算，長居膝下屬歡情。

前六句以峻麗的筆法描繪嵩山石淙的秀美壯麗，峰巒疊嶂，雲霞如錦，水露飛揚，如玉似珠，光映潭水，懸崖如鏡。江山秀麗、天下安樂，作為一代承平主，欣慰之情，怎能不溢於言表。詩作最後深化點題，希望國家在母后的英明治理下，乾坤康泰，並表達自己能長居膝下，奉孝歡心的情懷。

唐玄宗是唐朝第六代皇帝，他多才多藝，不僅武功赫赫，而且文采飛揚，在音樂、書法、文學、學術等方面都有卓著的成就與影響。史書稱他「性英武，善騎射，通音律、曆象之學」，〔註32〕在唐代帝王中，唐玄宗的詩才及創

〔註29〕陳寅恪，《金明館叢稿初編》，三聯書店，2001年6月第1版，第279頁。
〔註30〕《通典》卷十五《選舉三・歷代制下》。
〔註31〕歐陽修：《新唐書》，中華書局，1975年，第80頁。
〔註32〕歐陽修：《新唐書》，中華書局，1975年，第121頁。

作成就僅次於唐太宗。《增訂注釋全唐詩》又說玄宗「工詩能文，知音律，善書法，對唐代文學藝術的繁榮有倡導之功。於儒老佛經典之注疏，均有成就。」〔註33〕從新舊《唐書》的記載及其周圍臣下所作的應製詩來看，他一生創作頗豐，但僅僅保留下來了七十首。

在玄宗現存的七十首詩歌中，與道教直接相關的詩作就有近二十首，占其詩歌總量的四分之一強。唐玄宗在道教發展史上佔有重要地位，不但是因為他以帝王之尊提倡和推崇道教，《全唐文》卷四十《策道德經及文列莊子問》載：「朕聽政之暇，嘗讀《道德經》、《文》、《列》、《莊子》，其書文約而義精，詞高而旨遠，可以理國，可以保身。他親注《道德經》並修《道德經疏》，(《正統道藏》名之為《唐玄宗御注道德真經》、《唐玄宗御製道德真經疏》。〔註34〕此二部著作是研究唐玄宗道家思想的主要依據。它們使得道教的理論水平提升了一大步，對後世道教發展產生了巨大影響。

在道家「無為而化」思想指導下，玄宗與其臣下共同制定一系列與民休息的政策，促進政治的穩定與經濟、文化的繁榮。在現存七十首詩歌中，與巡幸有關的詩作有二十三首，這些詩作題材廣闊、體物精巧細膩、境界雄渾闊大、感情深厚真切，不同於其他宮廷遊宴詩。開元十一年在北巡途中，面對大唐所興之地晉陽宮，玄宗感慨萬端，其《過晉陽宮》云：

> 緬想封唐處，實惟建國初。俯察伊晉野，仰觀乃參虛。井邑龍斯躍，城池鳳翔餘。林塘猶沛澤，臺榭宛舊居。運革祚中否，時遷命茲符。顧循承丕構，怵惕多憂虞。尚恐威不逮，復慮化未孚。豈徒勞輦迹，所期訓戎車。習俗問黎人，親巡慰里閭。永言念成功，頌德臨康衢。長懷經綸日，歎息履庭隅。艱難安可忘，欲去良踟躕。

其《平胡》云：

> 雜虜忽猖狂，無何敢亂常。羽書朝繼入，烽火夜相望。將出凶門勇，兵因死地強。蒙輪皆突騎，按劍盡鷹揚。鼓角雄山野，龍蛇入戰場。流膏潤沙漠，濺血染鋒鋩。霧掃清玄塞，雲開靜朔方。武功今已立，文德愧前王。

唐代詩歌藝術在開元、天寶時期取得了巨大成就，唐玄宗作為開元盛世

〔註33〕陳貽焮主編：《增訂注釋全唐詩》，文化藝術出版社，2001年，第26頁。
〔註34〕陳鼓應主編：《道教文化研究》第十五輯，三聯書店，1993年。

的締造者，其詩情才藝對唐代的詩歌藝術的發展亦有很大影響。隨著詩文的興盛，「開元以後，四海晏清，士無賢不肖，恥不以文章達」。〔註35〕尚文風尚蔚爲唐代社會的基本價值取向。

唐德宗是唐朝第九代皇帝，在位 26 年。德宗皇帝即位之初，總理萬機，勵精治道，思政若渴，視民如傷。《增訂注釋全唐詩》說他「善文，尤工詩。常與朝臣學士唱和，品第優劣」。〔註36〕其詩如《七月十五日題章敬寺》：

> 招提遍皇邑，複道連重城。
>
> 法筵會早秋，駕言訪禪扃。
>
> 嘗聞大仙教，清淨宗無生。
>
> 七物匪吾寶，萬行先求成。
>
> 名相既雙寂，繁華奚所榮。
>
> 金風扇微涼，遠煙凝翠晶。
>
> 松院靜苔色，竹房深磬聲。
>
> 境幽眞慮恬，道勝外物輕。
>
> 意適本非說，含毫空復情。

通過松院、青苔、竹房、磬聲，渲染寺院清幽恬靜、道勝外物的超然境界，詩意空靈，足見唐德宗的詩文才藝。

德宗的繼任人唐順宗繼帝位不足 200 天，但身爲太子卻 26 年。他爲太子時便留心藝文，善隸書。德宗工詩，每賜大臣方鎮詩製，必命書之。

唐文宗是唐朝第 14 代皇帝，《唐語林》記載其「好五言詩，品格與肅、代、憲宗同，而古調尤清峻」。〔註37〕其詩如《宮中題》：

> 輦路生秋草，上林花滿枝。憑高何限意，無復侍臣知。

唐宣宗是唐代第 18 代皇帝。他在位 13 年，政績卓著，《增訂注釋全唐詩》評宣宗「好文能詩，公卿出鎮，多賦詩餞行」。〔註38〕其詩如《南安夕陽山眞寂寺題詩》：

> 惟愛禪林秋月空，誰能歸去宿龍宮。夜深聞法餐甘露，喜在蓮
>
> 花法界中。

〔註35〕 杜佑：《通典》。

〔註36〕 陳貽焮主編：《增訂注釋全唐詩》，文化藝術出版社，2001 年，第 43 頁。

〔註37〕 王讜：《唐語林・文學篇》卷二，中華書局，1958 年，第 56 頁。

〔註38〕 陳貽焮主編：《增訂注釋全唐詩》，文化藝術出版社，2001 年，第 47 頁。

又如《瀑布聯句》：

　　　　千巖萬壑不辭勞，遠看方知出處高。溪澗豈能留得住，終歸大
海作波濤。

再如《百丈山》：

　　　　大雄真迹枕危巒，梵宇層樓聳萬般。日月每從肩上過，山河長
在掌中看。仙峰不間三春秀，靈境何時六月寒。更有上方人罕到，
暮鐘朝磬碧雲端。

　　唐昭宗是唐代的亡國之君。「自古亡國，未必皆愚庸暴虐之君也。其禍亂
之來有漸積，及其大勢已去，適丁斯時，故雖有智勇，有不能為者矣，可謂
真不幸也，昭宗是已。昭宗為人明儁，初亦有志於興復，而外患已成，內無
賢佐，頗亦慨然思得非常之材，而用匪其人，徒以益亂。自唐之亡也，其遺
毒餘酷，更五代五十餘年，至於天下分裂，大壞極亂而後止。迹其禍亂，其
漸積豈一朝一夕哉！」〔註39〕唐昭宗曾立誓要復興唐王朝。但是唐朝已經積
弱難返，迴天無力。他的一首《詠雷句》終成大唐王朝的輓歌：

　　　　只解劈牛兼劈樹，不能誅惡與誅凶。

　　綜上可見，唐代帝王大多都有著很高的文學修養。正因為如此，寫詩成
為唐王室的一個傳統便是水到渠成。唐代帝王詩歌雖然獨立於唐詩主流之
外，但是又有著特殊的涵義。作為帝王又兼具詩人的雙重身份，唐代帝王詩
歌不僅是他們切實細膩生活感受的反映與寫照，而且更蘊含著強烈的政治或
社會的思想內容。他們的詩中涉及政治、文化、藝術、經濟、軍事、社會等
等各個方面，上層階級的生活趣味，王朝的時代風貌，社會的風尚習俗，歷
史的榮辱興衰，多多少少的都在他們的詩中有所流露。由於帝王的背景地位，
達官顯貴或部分文人學士對帝王的文學欣賞品味以及文風的偏好往往盲目跟
風，上行下效，引領整個社會的向文風尚。

四、「朕欲武臣盡讀書以通治道」與宋代的書香社會

　　書是人類文明進步的階梯。中國作為一個古老的文化古國，自上古以來
即書香溢滿人間。代代書香源遠流長蔚為華夏千古文脈。讀書、著書、藏書
終成世代家風、門風與國風。兩宋乃「文治之朝」〔註40〕，以文立國、以文

〔註39〕《新唐書》。
〔註40〕歐陽修：《歐陽修全集》，中華書局，2001，1706。

治國是其基本國策。終宋之世，未改初衷。宋朝諸帝以天子之威，躬親示範，在訪書、藏書、著書、雕書（印書）、讀書方面不遺餘力，將之作爲實行文治的主要方略。在書香文華的兩宋時代，朝野上下無不崇尚讀書，即便身爲武將也要以讀書爲要務。早在立國之初，宋太祖就對其侍臣們說：「朕欲武臣盡讀書以通治道」。〔註41〕在此時代風氣下，宋代社會文教興盛、書香滿城：「學校未嘗虛里巷」、「城裏人家半讀書」。〔註42〕

「禮義廉恥，國之四維；四維不張，國乃滅亡。」〔註43〕這是兩千七百年前振興齊國、成就霸業的一代名相管仲的千古名言。在管仲看來廉恥是立人之大節，蓋不廉，則無所不取；不恥，則無所不爲。人而如此，則禍亂敗亡亦無所不至。中國傳統社會「自魏、晉以降，人主始貴通才而賤守節，人臣始尚浮華而薄儒術，以先王之禮爲糟粕而不行，以純固之士爲鄙樸而不用。於是風俗日壞，入於偷薄，叛君不以爲恥，犯上不以爲非，惟利是從，不顧名節」。〔註44〕在從魏至隋的三百六十餘年間，三十餘個大小王朝交替興滅：

> 至於有唐之衰，麾下之士有屠逐元帥者，朝廷不能討，因而撫之，拔於行伍，授以旄鉞。其始也，取偷安一時而已，及其久也，則眾庶習於聞見，以爲事理當然，不爲非禮，不爲無義。是以在上者惴惴焉畏其下，在下者睽睽焉伺其上。平居則酒肉金帛，甘言屈體，以相媚悅；得間則鋩鋒利餒，狼心詭計，以相屠膾。成者爲賢，敗者爲愚，不復論尊卑之序，是非之理。〔註45〕

晚唐時期，藩鎮割據，武夫當道，「強者王侯敗者賊」，天下無是非廉恥可言，「陵夷至於五代，天下蕩然，莫知禮義爲何物矣」。〔註46〕唐宋之際的五代，世風敗壞，禮義廉恥蕩然無存。

從唐末到五代十國，武夫亂國，征戰連年，荼毒天下，災難慘重。人民大眾對握兵混戰、橫行不法的武夫，早已深惡痛絕。宋太祖身處時代的風口浪尖，對藩鎮割據、武夫暴虐的禍害更是深有體會：

〔註41〕《宋史》卷1《太祖本紀一》。
〔註42〕梁克家：《淳熙三山志》，《宋元地方志叢書續編》（下），臺北，大化書局，1991，1287頁。
〔註43〕《管子・牧民・國頌》。
〔註44〕《續資治通鑒長編》卷196。
〔註45〕《續資治通鑒長編》卷一百九十六。
〔註46〕《續資治通鑒長編》卷一百九十六。

　　五代方鎮殘虐，民受其禍。朕今選儒臣幹事者百餘，分知大藩，

縱皆貪濁，亦未及武臣一人也。〔註47〕

　　在宋太祖看來，武夫當政是萬惡之首，國家必須由文人來掌管。雖然文
官當中，也有不肖之徒，但是即便文官都貪污，也沒有一個武夫的危害大，
宋太祖對武夫的殘虐有著切膚之痛，所以才會有如此感痛之言。宋太祖本身
雖行伍出身，但對「五代方鎮殘虐」的禍害卻深惡痛絕。立國之初，如何尋
求治國安邦之道，這是歷代開國之君最為憂心的事情。宋太祖對於武夫荼毒
天下的禍害著切身的直接體驗，為了國家的長治久安，他對「治道」的追尋
首先是以整頓武官隊伍為根本。如何整頓武官呢？從宋太祖與君臣之間的一
席對話，我們可見端倪，據《宋史》卷一《太祖本紀一》載，建隆三年（962）
二月，太祖曾經對其侍臣們說：朕欲武臣盡讀書以通治道，何如？結果，「左
右不知所對」。類似的記載，也見於李燾《續資治通鑑長編》卷三，建隆三年
（962）二月壬寅條載：「上謂近臣曰：『今之武臣，欲盡令讀書，貴知為治之
道。』近臣皆莫對。」

　　武臣以征戰為本職，要武人讀書，似乎有些不務正業。尤其在烽火四起、
天下未定的情勢下，意欲武臣趨近於文，這確實是一個在當時看來比較不合
時宜的動議，無怪乎當時之近臣茫然不知所對。關於這一君臣對話，李燾繼
而在按語中引述李沆等人的話說：「史臣李沆等曰：『昔光武中興，不責功臣
以吏事；及天下已定，數引公卿郎將講論經義，夜分乃罷。蓋創業致治自有
次第。今太祖欲令武臣讀書，可謂有意於治矣。近臣不能引以為對，識者非
之。』」〔註48〕

　　司馬光在《涑水記聞》中，也有如下的記載：太祖聞國子監集諸生講書，
喜，遣人賜之酒果，曰：今之武臣，亦當使其讀經書，欲其知為治之道也。
宋太祖與近臣的這句對話，本無驚人之語，但卻為多種歷史典籍所記載，這
表明在宋人眼中，「朕欲武臣盡讀書以通治道」這句話具有劃時代的重大意
義。它意味著「以文立國」、「以文治國」這一新時代的到來。

　　對於「為治之道」當如何求得，在開國之初，宋太祖即已成竹在胸。早
在建隆元年（公元 960），太祖便多次蒞臨太學巡視，史載：建隆元年，幸國
子監。二年，又幸。三年正月幸，二月又幸，增修學祀自贊孔顏。乾德元年

〔註47〕李燾：《續資治通鑑長編》卷 13，開寶五年十一月，第 293 頁。
〔註48〕李燾《續資治通鑑長編》卷 3。

四月幸，七月又幸。宋太祖於建國之初如此頻繁地巡視國子監，實際上是「轉移人心」，引導天下世風趨向於文：

　　當位惚不暇給之時，而獨留意於學校，此正轉移人心之大機也。先漢以吏立國，故垂相止於次律令，御史止於定章程。我朝以儒立國，故命宰相讀書，用儒臣典獄，以文臣知州，卒成一代文明之治。〔註49〕

　　宋太祖「獨留意於學校」，命文臣武將以讀書爲要務，其用意不難得知，究其根本就是讀書以求治道，他曾經說過：「帝王之子，當務讀經書，知治亂之大體」。〔註50〕

　　宋太祖早年投身軍旅，南征北征，一生戎馬生涯。雖然如此，他卻不同於一般武夫，一生「獨喜觀書」。早在五代後期，即便軍務繁忙之中也堅持讀書，晚年更是手不釋卷。先賢經籍爲常誦之典，舊史國志爲久讀之文。本紀載他：

　　　　晚好讀書，嘗讀《二典》，歎曰：「堯、舜之罪四凶，止從投竄，
　　何近代法網之密乎！」，謂宰相曰：「五代諸侯跋扈，有枉法殺人者，
　　朝廷置而不問。人命至重，姑息藩鎮，當若是耶？自今諸州決大辟，
　　錄案聞奏，付刑部覆視之。」遂著爲令。〔註51〕

　　這段歷史記述，充分展示了宋太祖以史爲鑒、資治天下的爲政風範。他晚年經常閱讀《堯典》與《舜典》，讀罷感慨不已，歎之日：「堯舜懲處四個壞人的時候，只是把他們流放，爲什麼近代的法規那麼嚴酷呢？」在感歎堯舜仁政之餘，宋太祖又對五代時期的軍人當政下的禍害深以爲痛，五代方鎮殘虐，視人命如草芥。罪犯殺人，朝廷不聞不問，由此，宋太祖不由深切感歎道：「人命至重」！於是下令，從今以後，諸州判決死刑犯，記錄案件的卷宗一定要稟明上奏，交給刑部審查，以防草菅人命。作爲一名封建帝王，能以悲憫之心感歎「人命至重」！屬實不易。仁政乃治道之根本，讀書以明治道，莫過於存仁心、行仁政。宋太祖於建國之初在總結歷史經驗後提出了「文治」的方略，對「治道」孜孜以求，開始扭轉唐末五代以來文風掃地、禮儀荒頹的局面。太祖作出的努力畢竟爲宋代文治打下了基礎，如宋人所說：

　　　　當時是，歐蘇之文未盛，師魯明復之經未出，安定湖學之說未
　　行於西北，伊洛閩中之學未盛於天下。而文治精華已露於立國之初

〔註49〕呂中：《宋大事記講義》卷3，文淵閣四庫全書本。
〔註50〕《涑水記聞》卷1。
〔註51〕《宋史》卷3，中華書局，1977年。

矣。〔註52〕

太祖在建國之初，確立了以文治國的基本國策，從而開啓了兩宋三百年尚文時代，《宋史・文苑傳》序言中說：

> 自古創業垂統之君，即其一時之好尚，而一代之規模，可以預
> 知矣。藝祖（太祖）革命，首用文吏奪武臣之權，宋之尚文，端本
> 乎此……自時厥後，子孫相承，上之爲人君者，無不典學；下之爲
> 人臣者，無不擢科，海內文士彬彬輩出焉。〔註53〕

他不僅自己喜好讀書，而且要求大臣們也讀書。《續資治通鑒長編》卷二八載：宰相趙普「初以吏道聞，寡學術，上每勸以讀書，普遂手不釋卷」。在宋太祖的不斷勸勉下，「於是臣庶始貴文學」。〔註54〕宋太祖倡導讀書，開一代風氣之先。

如果說太祖是一位「好文」的皇帝，那麼太宗則是一位「重文」的君主。他曾自敘曰：「朕持儉素，外絕畋遊之樂，內卻聲色之娛」〔註55〕。宋太宗對畋遊聲色甚爲節制，「他無所愛，但喜讀書」、自稱「萬機之暇，不廢觀書」。君臨天下之際，雖日理萬機，勤於政事，每天的日程安排十分緊湊，但卻仍不忘讀書：

> 辰巳間（午前八時）視事，既罷，即看書，深夜乃寢。五鼓（四
> 時）而起，盛暑永晝未嘗臥。〔註56〕

太宗也的確讀了不少書：

> 太平興國八年，以聽政之暇，日閱經史。求人以備顧問，始用
> 著作佐郎呂文仲爲侍讀，每出經史，即召文仲讀之。帝語宰相曰：
> 史館所修《太平總類》，自今日進三卷，朕當親覽。宋琪曰：陛下好
> 古不倦，觀書爲樂。然日閱三卷，恐至罷倦。

《太平御覽》足足有一千卷，太宗命令文館每天進呈三卷，計劃在一年中把它通讀一遍。宰相等認爲，天寒日短時間少，一天讀三卷，有傷聖體，勸告太宗不必如此辛勞。太宗卻說：

> 朕性喜讀書，開卷有益，不爲勞也。此書千卷，朕欲一年讀遍，

〔註52〕呂中：《宋大事記講義》卷3。

〔註53〕《宋史・文苑傳》。

〔註54〕《宋史紀事本末》卷七。

〔註55〕李燾：《續資治通鑒長編》卷29，中華書局，1979，第648頁。

〔註56〕李燾：《續資治通鑒長編》卷二五，中華書局，1979，第588頁。

因思學者讀萬卷書亦不為勞耳。〔註57〕

終於按照計劃，用一年時間讀完了這部書。對於讀書的作用，太宗顯然要比其兄認識得深刻，《續資治通鑑長編》載：

> 上嘗謂近臣曰：朕每讀《老子》至「佳兵者，不祥之器，聖人不得已而用之」，每退朝，未嘗不三復以為規戒。王者雖以武功克定，終需用文德致治。朕每退朝，不廢觀書，意欲酌前代成敗而行之，以盡損益也〔註58〕。

宋太宗不僅酷愛讀書，而且還傾國家之力，徵集整修文史典籍。

中原地區自唐末黃巢起義以來久經戰禍摧殘，五代則更是「干戈賊亂之世也，禮樂崩毀，三綱五常之道絕，而先王之制度文章，掃地而盡於是矣！」〔註59〕李唐時期積累起來的大量圖籍，也在長安、洛陽的劫難中喪失殆盡，中原文化基礎受到了毀滅性的破壞和摧殘。北宋建國之初，面對的便是這樣一種近似廢墟的文化基礎。

宋代統治者十分重視文化建設，把書籍看成「教化之本，治亂之源；苟非書籍，何以取法」。〔註60〕早在建國之初，宋太祖在戎馬倥傯中，於建隆四年（963）下詔收集散佚的書籍，以充實三館。又於民間廣募亡書，對捐書者賜以科名。太平興國九年（984），太宗又詔令天下，「廣募亡書」：

> 遺編墜簡，當務詢求，眷言經濟，無以加此！宜令三館以開元《四部書目》，閱館中所缺者，具列其名，於待漏院出榜詰示中外：若臣僚之家，有三館缺者，許詣官進納。及三百卷以上，其進書人送學士院引驗人材書箚，試問公理。如堪任職官者，與一子出身親儒墨者，即與量才安排。如不及三百卷者，據卷帙多少，優給金帛。如不願納官者，借本繕寫畢，卻以付之。〔註61〕

自是四方書籍，源源不斷而來。至道元年（公元 995 年）又命裴愈出使江南、兩浙諸州，尋訪圖書，詔願進納入官，優給價值，如不願進納者，就所在差能書吏借本抄寫，即時給還。〔註62〕

〔註57〕李燾：《續資治通鑑長編》卷二四，中華書局，1979，第 559 頁。
〔註58〕李燾：《續資治通鑑長編》，卷二三，：中華書局，1979，第？頁。
〔註59〕中華書局點校本歐陽修《新五代史》卷一七《晉家人傳論》，第 188 頁。
〔註60〕李燾：《.續資治通鑑長編》，卷25，中華書局，1979 年。
〔註61〕洪邁：《容齋隨筆》卷七。
〔註62〕洪邁：《容齋隨筆》卷七。

宋朝統治者不僅重視書籍的搜集,還十分注重書籍的刊印發行,除中央政府機關中的國子監、崇文院、秘書監、司天監等刻書外,各地大小官衙、學宮、學舍、太醫局等,都風行雕版印書事業,除刊刻儒家經籍外,還遍刻史書、子書、醫書、算書、類書和唐、宋名家詩文集、文選等。宋太宗還傾全國之力編撰、刊印了諸多工程浩大的釋藏、道藏。此外,宋太宗還組織大量人力,「集名士於朝」,對歷史文化遺產分類整理加工,編纂了百科全書類書《太平御覽》、小說類書《太平廣記》、文學類書《文苑英華》、史學類書《冊府元龜》四大部書,共 3500 卷。這是中國文化建設史上的不朽功業。

宋太宗除了在讀書中「多見古今成敗,善者從之,不善者改之」以外,還特別重視與儒臣講求經義以求治國之道。太平興國八年(983)十一月,宋太宗「命文仲以著作左郎充翰林侍讀,寓直御書院,與侍書王著更宿,而書學葛湍亦直禁中。每暇日多召問,文仲以經書、著以筆法、湍以字學」。〔註 63〕宋代經筵自此發端:「自太平興國開設經筵,而經筵之講自太宗始。」〔註 64〕

歷經太祖、太宗,至宋真宗時期,文治局面漸趨定型。宋真宗乃太宗第三子,公元 997 年繼位。宋真宗「仁孝賢明」,深得太宗鍾愛,太宗對李至等言道:

> 朕以太子仁孝賢明,尤所鍾愛,今立為儲貳,以固國本,當賴正人輔之以道。卿等可盡心調護,若動皆由禮,則宜贊成,事或未當,必須力言,勿因循而順從也。至如禮、樂、詩、書之道,可以稗益太子者,皆卿等素習,不假朕多訓爾。〔註 65〕

從這一番囑託之辭當中不難看出,太宗心目中的皇位繼承人應當是深明詩、書、禮、樂之道的文治之君。事實上,宋真宗也的確不負太宗期待,青出於藍勝於藍,與皇父相較,其好學重文之風有過之而無不及,他曾自敘說:「朕聽政之暇,惟文史是樂」;「文史政事之外,無他玩好」。〔註 66〕實為一代「文皇」。即位後深化了「守成以文」的基本國策,開設經筵侍講,以求治道,宋真宗還有一段有關經史致用的精彩語話:「經史之文,有國家之龜鑒,保邦治民之要,盡在是矣。然二代之後,典章文物,制度聲名,參古今而適時用,

〔註 63〕 李燾:《.續資治通鑒長編》,卷 24,中華書局,1979 年。
〔註 64〕 《宋大事記講義》卷 8,文淵閣四庫本。
〔註 65〕 李燾:《續資治通鑒長編》卷 37,至道元年八月癸巳,第 819 頁。
〔註 66〕 岳珂:《愧郯錄》卷 14,中華書局,1985 年。

莫若《史》、《漢》，學者不可不盡心焉。」《宋朝事實類苑》卷三載：上嘗謂近臣日：

> 朕聽政之外，未嘗虛度時日，探測編簡，素所耽玩。古聖奧旨，有未曉處，不免廢忘，昨置侍講、侍讀學士，自今令秘閣官，每夕具名聞奏，朕欲召見，得以訪問。」其後每當直，或召對，多至二三鼓方退。〔註67〕

《東都事略》卷 37《夏侯嶠傳》載：

> 講讀之職，自唐有之。五代以來，時君右武，不暇向學，故此職亦廢。太宗崇尚儒術，嘗命著作郎呂文仲侍講，寓直禁中，然名秩未崇。眞宗奉承先志，首置此職，班秩次翰林學士，祿賜如之。

宋眞宗「奉承先志」，設置翰林侍讀、侍講學士，召對問講，以資治道，「多至二三鼓方退」，在其勵精圖治下，社會日益繁榮，史稱「咸平之治」。宋眞宗不但在政治上有所作爲，而且還頗善詩文書法藝術。他的楷書結構緊湊，端莊謹嚴，有一派雍容貴重的皇家氣象。宋眞宗不但是一位書法家，而且還是一名詩人，著有《勵學篇》、《勸學詩》、《工鳥學》、《七絕》等，其中《勸學詩》更是千古傳誦：

> 富家不用買良田，書中自有千鍾粟。
> 安居不用架高堂，書中自有黃金屋。
> 出門莫恨無人隨，書中車馬多如簇。
> 娶妻莫恨無良媒，書中有女顏如玉。

這是一首別具一格的勸學詩。皇帝向庶民百姓苦口婆心地勸學，這樣的詩似獨此一例。這首勸學詩勸學的方式別致有趣，語言平實眞切，十分契合人性、具有濃鬱的人情味。他沒有以他皇帝的身份，居高臨下，高屋建瓴，從政治的高度闡述讀書學習的重要性，板著面孔，嚴肅地號召子民好好學習，爲大宋朝廷建功立業。而是如同慈祥的長者，諄諄善誘。宋眞宗不惜以帝王之尊親作《勸學詩》，激勵天下世人努力向學，曠古未有。其中一句「書中自有黃金屋，書中自有顏如玉」更成爲家喻戶曉的民間諺語。

自宋眞宗而後，宋代帝王皆爲「文皇」。宋仁宗「聖性好學，博古通今」，〔註68〕宋英宗也喜好讀書，〔註69〕宋神宗「不治宮室，不事遊幸」，〔註70〕身

〔註67〕《宋朝事實類苑》卷 3。
〔註68〕《東軒筆錄》卷 3。
〔註69〕《宋史》卷 13。

為儲君時，「嘗與岐、嘉二王讀書東宮，侍講王陶講諭經史，輒相率拜之，由是中外翕然稱賢」。〔註71〕宋哲宗「並無所好，惟是觀書」。〔註72〕北宋末代皇帝徽宗自幼愛好筆墨、丹青，尤其在書法繪畫方面，更是表現出非凡的天賦，是千古少有的「藝術皇帝」，身為帝王，雖「不可君天下。」但在文藝方面足以能「君臨天下」，其書畫藝術成就堪稱千古一帝，尤其在繪畫藝術方面造詣更為非凡，後人評價其藝術成就時說：「徽宗皇帝天縱將聖，藝極於神」〔註73〕，詩詞書畫各方面都達到了相當的藝術高度，尤其是繪畫方面，無論山水、花鳥、人物，都能「寓物賦形，隨意以得，筆驅造化，發於毫端，萬物各得全其生理」。〔註74〕宋徽宗不但善於繪畫藝術，而且還善於書法藝術。徽宗獨創的瘦金體書法獨步天下，直到今天相信也沒有人能夠超越。這種瘦金體書法，挺拔秀麗、飄逸犀利，即便是完全不懂書法的人，看過後也會感覺極佳。傳世不朽的瘦金體書法作品有《瘦金體千字文》、《欲借風霜二詩帖》、《夏日詩帖》、《歐陽詢張翰帖跋》等。此後一千多年來，尚無人能達到他的書法藝術高度。北宋立國 167 年，共歷九帝，大多崇文好學。時至南宋，宋孝宗、宋度宗、宋恭宗等也都嗜好讀書，擅於詩詞書畫。

宋代不僅皇帝愛好讀書，倡導讀書之風，朝野重臣也均以勸學為重。王安石知鄞縣時，以興學為重，明州文風為之一振。滕宗諒守湖州時，首建學校，延名儒胡瑗為教授，「東南文物之盛，以湖為首稱」。〔註75〕當時「東南之士，莫不以仁義禮樂為學」；〔註76〕楊簡知富陽縣時，針對「民多服賈而不知學」的現實狀況，「興學養士，文風益振」。〔註77〕在統治階層的倡導之下，兩宋三百年間，讀書之風盛於天下。葉適在《漢陽軍新修學記》中說：「今吳、越、閩、蜀，家能著書，人知挾冊」。〔註78〕吳郡「師儒之說，始於邦，達於鄉，至於室，莫不有學」，〔註79〕葉適謂「家能著書，人知挾冊」雖有誇大之

〔註70〕 《宋史・神宗本紀》。
〔註71〕 《宋史・神宗本紀》。
〔註72〕 《梁溪漫志》卷 2《學士不草詔》。
〔註73〕 鄧椿：《畫繼》卷 10。
〔註74〕 董逌：《廣川畫跋》。
〔註75〕 《萬曆湖州府志》卷 5《風俗》。
〔註76〕 歐陽修：《居士集》卷 25。
〔註77〕 《宋史》卷 4017《楊簡傳》。
〔註78〕 葉適《水心別集》卷 9。
〔註79〕 《宋文鑒》卷 79，張伯玉《吳那州學六經閣記》。

意，但也道出了當地文化氛圍濃厚與讀書風氣盛行。書香門第自不必言，一般平民之家也多注重讀書，紹興「自宋以來，益知向學尊師擇友，南渡以後，弦誦之聲，比屋相聞」〔註80〕。

宋代以文教立天下，朝廷詔令各州縣設置學官，掌管學政；劃撥學田，資助辦學。在官辦學校蓬勃發展之際，各類私學也逐漸興起，義學、村學、家學、冬學、私塾、學館、精舍等隨處可見。讀書辦學蔚然成風，以至於「萬里之外，荒漠不毛之地，皆爲郡縣置學。官師弟子，弦誦之聲相聞」。〔註81〕在文風崇盛的時代背景下，宋代的文人士子自然也備受世人尊崇，擁有優越的社會地位。

五、「天子御輦文華」與明代「海內日興於藝文」

大明王朝以恢復漢統爲志，遠承三代遺韻，近續魏晉風骨與唐宋風騷之統緒，從開國皇帝明太祖到亡國之君崇禎，多有雅好詩文書畫之帝。在歷代帝王中，明太祖朱元璋雖不以文采風流見稱，但明初開國重臣劉基在《御製文集》所作的序文中稱讚朱元璋：萬幾之暇，作爲文章，舉筆立就，莫不雄深宏偉，言雅而旨遠。主政之餘，手不釋卷；萬幾之暇，禮賢文士，君臣時常同遊唱和：「當時儒臣，每侍上遊觀禁苑，凡亭樓臺閣。靡不登眺，以通上下之情，成地天交。」〔註82〕作爲朱元璋的法定繼承人，建文帝與其說是一代帝王，毋寧說一位文士。當靖難烽煙四起之際，他尚且「宴群臣於奉天殿，大祀慶成也。是日，群臣大歡會，賦詩紀成，頒天下」。〔註83〕斯文崇盛之情，蔚爲朝廷風貌。宣德間，「海內宴安，天子雅意文章，每與諸學士談論文藝，賞花賦詩，禮接優渥」〔註84〕。從明太祖到明宣宗，明初諸帝，大多雅好詩文書畫，優遊藝文。上行下效，高貴風雅的皇室風華開啓了明代社會的尚文風尚。時至永樂之後，民生富足，文教大興，民風尚文，以致「田野小民生理裁足，皆知以教子孫讀書爲事」，此類記載常見於地方文獻。〔註85〕

驅除胡虜，恢復中華，回歸禮樂傳統，承傳華夏千古文脈，乃明王朝開

〔註80〕《康熙會稽縣志》卷7《風俗記》。
〔註81〕鄭剛中：《北山集》卷 19，景印文淵閣四庫全書本，臺灣商務印書館，1983年。
〔註82〕廖道南：《殿閣詞林記》卷12，影印文淵閣四庫全書本。
〔註83〕姜清：《姜氏秘史》卷4，豫章叢書本。
〔註84〕張廷玉等：《明史》，中華書局，1997年，第1092頁。
〔註85〕嘉靖《上海縣志》卷1《風俗第三》，崇禎《松江府志》卷7《風俗‧習尚》。

國立基之宗旨，故明初諸帝大多雅好詩文，醉心翰墨，在揮毫潑墨之中，往往有著不同凡俗的藝術個性。有明一代，出現諸多「書畫皇帝」，可謂「文皇英姿間出」。明太祖朱元璋（1328～1398）以布衣奮起淮右，推翻蒙元統治，力克群雄，建立大明王朝。清康熙帝譽其「治隆唐宋」，爲一代雄主。對他以武開國生平事迹的考索，可謂汗牛充棟。然而對於朱元璋的藝文才情卻疏於體認。其實明太祖朱元璋又是頗具藝術個性的一代「文皇」，開國名臣劉基贊之曰「兼全文武」〔註 86〕一代梟雄朱元璋有著從乞丐遊僧到開國帝王的傳奇經歷，其成功人生多受益於勤奮刻苦、博洽深思的自學能力，朱元璋出身微賤，自幼失學，識字不多，但早在武力開國之初，於戎馬生涯之餘，勤奮好學，研修經史典籍。清人趙翼云：

　　明祖以遊丐起事，目不知書，然其後文學明達，博通古今，……

　　此固其聰明天稟，然亦勤於學問所致。〔註87〕

僅就詩文而言，王世貞贊他：

　　高皇帝神武天授，生目不知書，既下集慶，始厭馬上。長歌短

　　篇，操筆輒韻，有魏武樂府風。製詞質古，一洗駢偶之習。〔註88〕

遠承三代遺韻，近續魏晉風骨的文化統緒，復歸禮樂傳統，這不僅是明太祖朱元璋的文學觀念，甚至成爲其立國安邦之本。

立足於禮樂復歸的詩文關注雖非純粹的文學態度，但質樸古雅的心儀取向已是十分明確：「吾平日爲事，只要務實，不尚浮僞，……不事虛誕」。〔註89〕朱元璋作文不多加推敲，而任憑情思流灌，故而樸野自如，常得天然之趣。他對先秦聖賢典籍推崇備至，卻對當世俗儒的迂腐無能和浮泛文風深惡痛絕：

　　朕觀上古聖賢之言，冊而成書。……今之儒不然，窮經皓首，

　　理性茫然。至於行雲流水，架空妄論，自以善者矣。及其臨事也，

　　文信不敷，才愆果斷，致事因循，將何論乎？〔註90〕

朱元璋一生不僅僅建立起獨步千古的政治功業，還留下《明太祖集》二十卷傳世，其中除了奏牘公文如詔、制、誥、敕等之外，還有不少記敘、議

〔註86〕《御製文集後序》。

〔註87〕趙翼：《廿二史箚記校證》卷32，王樹民校證，《明祖文義》，中華書局，1984年，第738頁。

〔註88〕王世貞：《藝苑卮言校注》，羅仲鼎校注，齊魯書社，1992年，第230頁。

〔註89〕胡廣、解縉等：《明太祖實錄》卷16，臺北中研院史語所，1984年。

〔註90〕朱元璋：《敕問文學之士十三篇》，《明太祖集》，第202頁。

論文字以及詩賦等。這些文字樸質眞切，不同於一般文人的筆力才情。例如，《明太祖集》卷十《時雪論》寫道：

> 俄而風生八極，雲幕長空，良久雨降，自朝抵暮，萬物被澤。
> 至夕，翩翩飛舞，雪墜九霄。曉來闢戶以觀，近山玉砌，遠景銀妝，
> 此天地嚴凝之氣至矣。

這段文字不僅意象萬千，境界宏大，意境幽幽，而且辭氣整麗卻又不失流蕩，極具語言文字之美。又如卷 14 有《皇陵碑》一文，記敘的是朱元璋自己的艱難身世，在回顧往日艱辛時飽含孤苦無依、失魂落魄的離亂悲淒之情，這段文字記敘他棲身的寺廟解散後，他不得不托缽流浪，形同遊丐的淒苦：

> 突朝煙而急進，暮投古寺以趨蹌。仰穹崖崔嵬而倚碧，聽猿啼
> 夜月而淒涼。魂悠悠而覓父母無有，志落魄而倗佯。西風鶴唳，俄
> 淅瀝以飛霜。身如蓬逐風而不止，心滾滾乎沸湯。

這段文字極具感染力，悽愴無依之情感人至深。最能體現朱元璋特點的，是那些不假雕琢、放筆寫去的詩歌，它們往往於粗豪中見天然野趣。例如《明太祖集》卷二〇《詠雪竹》：

> 雪壓竹枝低，雖低不著泥。明朝紅日出，依舊與雲齊。

同卷《詠菊》：

> 百花發時我不發，我若發時都嚇殺。要與西風戰一場，遍身穿
> 就黃金甲。

兩首詩都是通過詠物來抒懷，心氣極高，後一首脫胎於黃巢《不第後賦菊》一詩，但比起原詩來更爲直露，也更顯殺氣。同卷《不惹庵示僧》：

> 殺盡江南百萬兵，腰間寶劍血猶腥。山僧不識英雄漢，只恁嘵
> 嘵問姓名。

詩裏盡顯狂野粗豪本色，充分展現其一代梟雄氣吞萬里如虎的霸氣。

朱元璋不僅在詩文上展現其獨到的個性才情，在書法上也有不同凡響的造詣成就。作行楷之體，字大如杯，書法雖不工，但下筆剛絕，字體深沉持重，行書之體頗具奇逸之氣，確非臣工所能代筆。康有爲在《廣藝舟雙楫》稱朱元璋的書法風格「雄強無敵」〔註91〕。明太祖現存法書作品，大陸地區收藏的計有《總兵帖》、《安豐令卷》、《高郵令卷》、《行書手諭》、《大軍帖》、

〔註91〕康有爲：《廣藝舟雙楫》卷六《行草第二十五》，續修四庫全書影印清光緒刻
　　　　本，第 63 頁。

《致駙馬李楨手敕卷》、《跋李公麟臨韋偃牧放圖卷後》等七件。

明成祖朱棣是明朝第三位皇帝，在位二十餘年，明朝國力逐漸強盛，史稱「永樂盛世」，他一生武功赫赫，文治煌煌。成祖雖戎馬征戰一生，但仍不失「文皇」本色。作爲一代雄才之主，他一生喜好讀書，在日理萬機之餘，常秉燭夜坐，手不釋卷：

> 朕即位未久，常恐民有失所，每宮中秉燭夜坐，披閱州郡圖籍，靜思熟計，何郡近懼饑荒，當加優恤。何郡地迫邊鄙，當置守備，旦則出與群臣計議行之。近河南數處蝗旱，朕用不寧，故遣使省視，不絕於道。如得斯民小康，朕之願也。〔註92〕

他常常以先賢聖訓來自省修身：

> 朕博考載籍，每覽昔人言行可自警省者，讀之不能釋手，讀書所以有益於人。然人資稟有強弱，泛而不切，亦未有益。故欲令爾等輯此教之，先定其尺度權衡，使中有所主也。〔註93〕

明成祖朱棣不但深明書可修身，更深曉讀書可立國，他常常將書中義理視爲治國安邦之根本，他嘗謂翰林臣曰：

> 爲學不可不知《易》，只內君子外小人一語，人君用之，功效不小。〔註94〕

永樂初，成祖曰：「朕所用治天下者，《五經》耳」！〔註95〕以《五經》治國，將經書提高到「治天下」的高度，足見他深明書籍之大義，並視爲無價至寶：

> 成祖於視朝之暇，輒御便殿閱書史，或召翰林儒臣講論。嘗問：「文淵閣經史子集皆備否？」學士解縉對曰：「經史粗備，子集尚多闕」。成祖曰：「士人家稍有餘資，皆欲積書，況於朝廷可闕乎？」遂召禮部尚書鄭賜，令擇通知典籍者四出購求遺書，且曰：「書籍不可較價直，惟其所欲與之，庶奇書可得。」又顧縉等曰：「置書不難，須常覽閱乃有益。凡人積金玉欲遺子孫，朕積書亦欲遺子孫。金玉之利有限，書籍之利豈有窮也？」〔註96〕

〔註92〕《皇明典故紀聞》卷六。
〔註93〕《皇明典故紀聞》卷6。
〔註94〕《皇明典故紀聞》卷6。
〔註95〕《皇明典故紀聞》卷6。
〔註96〕《皇明典故紀聞》卷6。

　　成祖深明金玉之利有限，而書籍之利無窮。故「於視朝之暇，輒御便殿閱書史」。

　　成祖不但自己嗜好讀書，而且還勸諭群臣要「尚惜寸陰」，勤勉讀書。一日成祖退朝，顧謂侍臣曰：

> 若等無事家居時，亦不廢觀書否？對曰：「有暇亦時觀書自適。
>
> 成祖曰：常愛孔子言：飽食終日，無所用心，難矣！朕視朝罷，宮中無事，亦恒觀書，深有啓沃。若等皆年富力強，不可自逸。大禹尚惜寸陰，朕與汝等何可不勉？

作爲一代雄才之主，明成祖在朝政之餘，「亦恒觀書」，於先賢聖言之中，點化經國安邦之義理，「深有啓沃」：一是立國以「正」；二是「守位曰仁」；二是爲政以「勤」；三是處世以「公」；四是爲人以「誠」；五是臨事以「愼」；六是待人以「度」。

　　明成祖一生立國以「正」，守位以「仁」，爲政以「勤」，處世以「公」，立身以「誠」，待人以「度」，終成一代「永樂盛世」。

　　成祖的繼任者仁宗生性端重沉靜，言行識度，喜好讀書，學問淵博：「幼端重沉靜，言動有經。稍長習射，發無不中。好學問，從儒臣講論不輟。」〔註97〕由於他的儒雅與仁愛深得皇祖父朱元璋的喜愛。明仁宗四十六歲始登基繼位，身居東宮日久，總以研學先賢聖言爲要務，繼位後，在京城思善門外建弘文館，常與儒臣終日談論經史，對先賢聖言體會精深，尤其對「中正之道」，感悟尤深，非一般書生所能企及：

> 中正體用一也，不偏不倚，無過不及，大下萬善皆源於此，隆古帝王傳授之要皆在於此。人以中正存諸內，則發於喜怒哀樂無非道也。以中正施諸行，則形於動靜云爲無非德也。而於君人者之施蓋廣矣。中天下而立以正天下之表，其可不敬於內不愼其發哉！故以中正誠身則身尊，以中正治家則家齊；唯中正之人是親，則君子益近小人益遠；唯中正之言是聽，則善道日聞而讒陷日退；行賞以中正，則恩不濫而人皆愚功；行罰以中正，則刑不濫而人皆畏罪；以中正施正教，則治道可成而俗化可興；以中正施命令，則萬姓服從而四夷效順。君人之道，莫此爲要。〔註98〕

〔註97〕《明史・本紀第八・仁宗》。
〔註98〕《明仁宗實錄》卷9上

　　明仁宗以「中正」持國,在位期間,修明綱紀,體察民間疾苦,寬嚴有度,刑罰不濫,一掃前朝剛猛之弊。處處以唐太宗為楷模,選用賢臣,尤重道德操守。為周延行事,明仁宗虛懷納諫,尤為令人稱道的是,繼位之初,他就恩賜楊士奇、楊榮、金幼孜等朝中重臣每人一顆銀印,上刻「繩愆糾繆」的格言。明仁宗常常鼓勵他們直言進諫,不必擔心因言獲罪。故明仁宗一朝,政治清明,國泰民安。他在位雖然僅十個月,但卻開啟「仁宣之治」之端緒。在明朝歷代皇帝中,明仁宗不僅是政績卓著的一代賢明之君,也是才情橫溢、雅好詩文的一代「文皇」。仁宗為人雍容大度,詩如其人。仁宗之詩,大多雍容蘊藉,大有宮廷的風致。仁宗有御製集上、下二卷,已不存於世。現在北京國家圖書館藏此書存目,係內府鈔本。全集有文一,即《大明長陵神功聖德碑》,詩256首,詞八首。〔註99〕

　　明仁宗之後的明宣宗,頗具乃父遺風,雅好翰墨。早在年幼之際,「天資明睿」的明宣宗就因為「動必中規,言必合道」,深受祖父明成祖的賞識:

　　　　朕嫡長孫孝友英明,寬仁大都。年一紀,體具志寧,動必中規,言必合道,好學之篤,夙夜孜孜,日誦萬言,心領要義,朕嘗試之以事,輒能裁決得中,斯實宗社之靈。

　　在明成祖的悉心培育下,身為皇孫的明宣宗終成一代明君。為帝十年間,選賢任能,吏治清明,經濟繁榮,文有大學士楊士奇、楊溥、楊榮等一代名臣總理朝政;武有英國公張輔、于謙等一代名將統兵於外。君臣戮力同心,共同開創了著名的「仁宣之治」盛世。清代名士谷應泰說:「明有仁、宣,猶周有成、康,漢有文、景。」〔註100〕後世稱之為「仁宣之治」,比之於漢之「文景之治」、唐之「貞觀之治」。

　　在中國歷史上,明宣宗不僅是一位政治卓著的政治家,更是一位卓有造詣的書畫家」,是中國歷史上少有的「畫家皇帝」。明宣宗自幼雅尚翰墨,自號「長春真人」,繪畫藝術成就卓越,尤工繪事,山水、人物、走獸、花鳥、草蟲均佳、盡極精妙。宣宗「天藻飛翔,雅尚詞翰,尤精於繪事,凡山水、人物、花竹、翎毛、無不臻妙。」〔註101〕嘗作圖書贈重臣,上書年月及受賜者姓名。代表作如《一笑圖》、《雙犬圖》、《萬年松圖卷》、《蓮蒲松蔭圖卷》等。

〔註99〕《大明仁宗皇帝御集》,目錄,明內府鈔本。
〔註100〕《明史紀事本末》,卷28,《仁宣致治》。
〔註101〕姜紹書:《無聲詩史》卷1。

　　宣宗還是一位傑出的書法家和書法鑒賞家,《萬曆野獲編》之「宣宗御筆」稱他的書法「學顏清臣,而微帶沈度姿態」,宣宗年少時對書法課頗爲用心,書法能於圓熟之外,以遒勁出之。他的行楷清麗瀟灑中帶些皇室的雍容柔媚之氣。由於宣宗酷愛和擅長繪畫書法藝術,宮廷上下聚集了一批宮廷畫家,宮廷畫派應運而起,延綿數代,成化(1465～1487)至弘治(1488～1505),宮廷繪畫創作達到鼎盛時期,在中國書畫史上留下濃筆重彩。明宣宗運際雍熙,治隆文景,不但工於書畫,還雅好吟詠歌詩。宣宗時與臣下同遊歌詠,造就了一個臺閣體詩派。

　　從明太祖朱元璋到明神宗朱翊鈞,歷代帝王大多雅好詩文,優游書畫。上行下效,雍容文雅的皇室風華,逐漸開啓有明一代斯文崇尚詩文書畫的世態風情。

　　十六世紀,正當歐洲文藝復興運動方興未艾,古老的中國也「海內日興於藝文」。世風尚文,以至於書坊林立,都市集鎮「滿目坊刻,亦世華之一驗也」。〔註102〕有明一代,醉心藝文,並非局限於宗室王孫、文人墨客,農工商販亦遊藝翰墨。尤其明萬曆時期,神宗隱居深宮,朝綱鬆蕩,民間社會逐漸擺脫皇權捆綁,江南一帶的商品經濟漸趨活躍發達,伴隨著在商賈經濟的繁榮發展,明代都市集鎮漸趨繁盛。尤其江南吳越之地,都會集鎮蓬勃興起,四海之內,滿眼都市的文雅風華。千古文脈,於斯承傳,延宕明末清初。

六、康乾兩帝的風雅士風與清代文脈國魂的奠定

　　一代有一代之風韻,一代有一代之學說。自先秦以降,莫不如是。詩之經、楚之騷、漢之賦、唐之詩、宋之詞,元之曲、明之小說,源遠流長,蔚爲華夏千古文脈。崛起於白山黑水之間的八旗子弟以崇尚英武爲民族風尚。然而政治的統一必然要跨越「華夷之辨」與「文野之分」的精神鴻溝。早在立國於關東之際,粗通漢文的皇太極就喜讀漢文史書,「樂觀古來典籍」,〔註103〕並敕令諸貝勒、大臣「凡弟子十五歲以下,八歲以上者,俱令讀書」。〔註104〕滿清皇族與上層權貴「漸習漢俗」。定都北京之後,清帝王更是深切意識到要「帝王敷治,文教是先」。「今天下漸定,朕將興文教,崇經術,以開太平」。〔註105〕

〔註102〕《戒庵漫筆》卷8。
〔註103〕《清太宗實錄》。
〔註104〕《清實錄太宗文皇帝實錄》卷28,天聰五年閏十一月庚子條。
〔註105〕《清世祖實錄》卷90。

清代社會文事漸興，尤其是康熙初期，開設博學鴻儒，就此奠定清朝文脈國魂：
「己未詞科，實文治斡運之鈞樞」〔註 106〕。此後歷代帝王無不服膺漢學。康
熙帝一生講求漢學：「朕自沖齡至今，六十年來未嘗少輟經書」。〔註 107〕幾十
年博綜典籍的學業研修成就了他寬厚儒雅的士人風範。福壽雙全的乾隆皇帝追
慕康熙皇祖遺風，一生手不釋卷，更為雅好詩書字畫，嘗謂「自幼讀書宮中，
講誦二十年來，未嘗少輟，實一書生也」。〔註 108〕身為一代帝王，以「書生」
自詡，自我身份的認同最終完成了清皇室及其清代主流社會對華夏千古文脈的
精神皈依，康乾兩帝內涵的儒雅士風奠定了清代的文脈國魂。文化的認同消弭
了「華夷之辨」的精神隔閡，實現了道統與治統相互結合，從而確立了清帝國
正統王朝的合法性地位。

清朝以少數民族入主中原，首先要排除的就是夷夏之防的觀念。眾所周
知，中國傳統正統理論中本來就有深入骨髓的「華夷之防」的文化成見，如
顧炎武認為：「君臣之分所關者在一身。華夷之防所繫者在天下。」〔註 109〕
王夫之指出：「天下之大防二：中國、夷狄也，君子、小人也。」〔註 110〕黃宗
羲也說：「中國之與夷狄，內外之辨也。以中國治中國，以夷狄治夷狄，猶人
不可雜之於獸，獸不可雜之於人也」。〔註 111〕這是深懷《春秋》大義的知識分
子身遭國破家亡變故以後的悲憤發泄。此種強烈的、根深蒂固的華夷之防的
認識不扭轉，對以少數民族入主中原的清廷統治者顯然是不利的。華夷之防
對清帝國正統地位的建立提出了嚴峻挑戰。

饒宗頤曾說：「正統理論之精髓，在於闡釋如何始可以承統，又如何方可
謂之『正』之真理。」〔註 112〕清廷在論證自己的正統地位時，在「如何始可
以承統」的問題上，強調順天應人，代明討賊；在「如何方可謂之正」的問
題上，屬行以文治天下的基本國策，以興學重教、開科取士、崇儒重道為依
歸，以正國統。中華既是一個地理概念，更是一個文化概念。中國乃文化之
中國。凡皈依於華夏文化者，皆可謂之正統，「因為中國人的民族觀念，其內

〔註 106〕參閱《啟功叢稿・題跋卷》，第 314 頁，中華書局 1999 年版。
〔註 107〕《康熙政要》卷 16。
〔註 108〕《清高宗實錄》，卷 5，第 4 頁。
〔註 109〕顧炎武，日知錄集釋〔M〕，長沙：嶽麓書社，1994，第 245 頁。
〔註 110〕王夫之，讀通鑑論〔A〕，船山全書（十）〔C〕，長沙：嶽麓書社，1988，
第 502 頁。
〔註 111〕黃宗羲全集（十一）〔M〕.杭州：浙江古籍出版社，1993，第 12 頁。
〔註 112〕饒宗頤：《中國史學上之正統論》，上海遠東出版社，1996，第 76 頁。

裏常包有極深厚的文化意義，故對於能接受中國文化的，中國人常願一視同仁，胞與爲懷。」〔註113〕華夏民族歷史上一直是以經學之道爲正統統治思想，士人身上浸染著濃厚的經學意識，是否尊奉華夏經學，是否皈依於華夏民族的千古文脈，這關係到清王朝政治統治能否穩定。

順治八年，世祖親政之後，隨即「經國以文」，以正天下之統。九月九日「臨雍釋典」典禮隆重舉行，世祖勉勵太學生篤守「聖人之道」，虔心修學問道，「講究服膺，用資治理」。翌年，頒諭禮部，將「崇儒重道」作爲一項基本國策確立。

服膺華夏文明，篤守「聖人之道」，以文正統，重在開設經筵日講。宋代程頤曾云：「天下重任，惟宰相與經筵。天下治亂繫宰相，君德成就責經筵。」〔註114〕清初的士大夫也奉承儒家傳統，以精進學問、成就君德爲職志。故在天下粗定之際，便紛紛上書，奏請開設經筵日講。順治元年（1653 年）戶科給事中郝傑上奏曰：

> 從古帝王無不懋修君德，首重經筵，今皇上睿資凝命，正宜及時典學，請擇端雅儒臣，日譯進《大學衍義》及《尚書典謨》數條，更宜遵舊典，遣祀闕里，示天下所宗。〔註115〕

順治二年，大學士馮銓、洪承疇等奏言：

> 上古帝王奠安天下，必以修德勤學爲首務，故金世宗、元世祖皆博綜典籍，勤於文學，至今猶稱頌不衰。皇上承太祖、太宗之大統，聰明天縱，前代未有。今滿書俱已熟習，但帝王修身治人之道，盡備於《六經》，一日之間，萬機待理，必習漢文、曉漢語，始上意得達，而下情易通。伏祈擇滿、漢詞臣，朝夕進講，則聖德日進，而治化益光矣。〔註116〕

世祖沖幼即位，屢有廷臣疏請典學，開設經筵，「習漢文、曉漢語」，這表明「經國以文」、承襲華夏文化正統已提上清王國的政治議程。

順治二年（1645）山西道監察御史廖攀龍奏云：

> 聖學之宜早講也。皇上天亶聰明，無待學。正惟天亶聰明，最

〔註113〕錢穆：《國史大綱》，商『務印書館1994年，第848頁。
〔註114〕李燾：《續資治通鑒長編》卷373，哲宗元祐元年三月辛巳條。
〔註115〕《清實錄·世祖章皇帝實錄》卷9順治元年十月丙辰條。
〔註116〕《清實錄世祖章皇帝實錄》卷15順治二年三月乙未條。

易學。今天氣和煦，時候清閒，經筵雖未遽開，請於視朝之暇，集
滿漢端方博雅大臣，取往古治亂興亡之迹，進講數條，以資啓沃。
則知爲君之難，爲首出開創之君尤難，而萬年有道之長肇基於此矣。
〔註117〕

經筵可精學問、致太平，這是清初漢臣從輔佐新主的角度出發，讓年幼的皇
帝及早接受經筵的薰陶，以符合所謂的「君德」。但順治初年經筵之制一直沒
有落實，攝政王多爾袞以「上方幼沖，尚須遲一二年」予以推辭。〔註118〕然
而，漢族朝臣深知開設經筵，以成君德、以承華夏「文統」，對於治國安邦是
何等重要！故順治五年，工科給事中魏裔介上疏《聖德與年俱進仰乞及時講
學開設經筵日講以隆萬世治本疏》：

> 臣竊覽竹冊，自古賢聖之主，未有不汲汲以學爲尚者也。由是
> 觀之，君德清明，君身強固，誠萬世久安長治之根本矣。乃值此春
> 元始和百度維新，未聞與二三大臣諮訪講學之議，竊恐年歲既盛，
> 則嗜欲日開，嗜欲既開，則聰明日涛，伏乞皇上，上念鼎命付託之
> 重，下慰臣民瞻戴之思，立召大臣商榷，擇日施行，誠宗社無疆之
> 休。〔註119〕

順治親政之後，漢官屢有經筵之請，順治八年，秘書院檢討徐必遠奏請
順治帝覽習《大學衍義》，因爲其書「天命人情，身心國家，咸攝要領」，「必
能廣格心之益，而觀道化之成」〔註120〕順治九年（1652）十月，編修曹本榮
上《聖學疏》奏言：

> 今皇上得二帝三王之統，則當以二帝三王之學爲學，誠宜開張
> 聖德，修德勤學，舉凡四書五經及通鑒中，有禆身心要務，治平大
> 道者，内則深宮燕閒朝夕討論，外則經筵進講敷對周詳，從此設誠
> 致行，君德既定，祈天永命必基於此。〔註121〕

在這段奏言中，編修曹本榮將「政統」與「學統」相提並論，認爲滿清
既然「得二帝三王」之政統，必然「當以二帝三王之學爲學」，修德勤學，以
開治道。無獨有偶，順治十年九月，工科給事中朱允顯亦以「政統」與「學

〔註117〕琴川居士編：《皇清奏議》卷1《山西道監察御史廖攀龍奏》。
〔註118〕《清實錄世祖章皇帝實錄》卷3。
〔註119〕魏裔介：《兼濟堂文集》卷1，《文淵閣四庫全書》版。
〔註120〕《清實錄世祖章皇帝實錄》卷61，順治八年十月丁未條。
〔註121〕《清實錄世祖章皇帝實錄》卷69，順治九年十月庚申條。

統」相輔相成爲由，上請開經筵一疏：

> 臣前具有開經筵一疏，禮臣復以文華殿修成爲期，竊以天下之
> 治，由乎君德，而君德之成，本於經筵。講幄之設，歷代首重。我
> 皇上以堯舜自期，動合古道，此時正宜好學深思，俯咨下問，廣選
> 滿漢儒臣，召見便殿，朝夕考究，於經、史之外，隨事詢訪。〔註122〕

在這段奏言中，朝臣朱允顯認爲「皇上以堯舜自期」，自然要「動合古道」，深思好學，以求治道。順治十二年（1655）正月，大理寺少卿霍達再次奏言順治皇帝效法先帝「學統」以成「政統」：

> 帝王之治天下，惟在正心，正心之道，端在勉學。然非取典謨
> 經籍，講求而力行之，無以追蹤二帝三王之盛業也。皇上春秋鼎盛，
> 正當及時力學，則日講之官不可不專設，日講之事不可不急行。誠
> 取大學、論語及帝鑒圖説、貞觀政要、大學衍義諸書，令講官日講
> 一二章。皇上精思明辨，躬體力行，則學有實用，於以追蹤帝王，
> 坐致太平，有餘裕矣。〔註123〕

朝臣霍達在奏言中明確指出「非取典謨經籍，講求而力行之，無以追蹤二帝三王之盛業也」，直言如若不承續華夏「學統」，則無法承繼華夏「政統」。

歷經諸朝臣的不斷奏請，順治皇帝也深感開啓經筵日講的「刻不宜緩」，遂於順治十二年三月，頒諭群臣：

> 朕惟自古帝王，勵學圖治，必舉經筵日講，以資啓沃。今經筵
> 已定於文華殿告成之日舉行，日講深有禆益，刻不宜緩。爾等即選
> 滿漢詞臣，學問淹博者八員，以原銜充日講官，侍朕左右，以備咨
> 詢。

順治皇帝也終於認識到「勵學」方可「圖治」，遂命內三院選日講官隨侍左右。順治十二年，再頒諭曰：

> 帝王敷治，文教是先，臣子致君，經術爲本。……今天下漸定，
> 聯將興文教，崇經術，以開太平。〔註124〕

身爲滿族帝王，深感「帝王敷治，文教是先」，這預示著清帝國「經國以文」基本國策的開啓。順治十四年，舉行了清代歷史上第一次經筵盛典，後

〔註122〕《清實錄世祖章皇帝實錄》卷71，順治十年正月戊寅條。
〔註123〕《清實錄世祖章皇帝實錄》卷68，順治九年九月壬辰條。
〔註124〕《清世祖實錄》順治十二年三月壬子條。

又以初開日講祭告孔子於弘德殿，清帝國由此正式承襲華夏文化正統。

治國理民固需政術，更貴在道統，而道統之啓發，則應取自先賢聖哲之義理。帝王惟有眞得古聖先王理念眞髓，方爲政統之所在。經筵型塑了帝王道統形象的精神內核，彰顯了統治者學術好尚的內在取徑，同時也是建構與體現整套儒家文治情懷的關鍵環節之一。

康熙繼位後，朝中諸臣更是格外重視少年天子的經筵日講。康熙四年（公元 1665）三月，提督四譯館太常寺少卿錢綖奏言君德關乎治道，而聖學尤爲急務，請愼選老成耆舊、德性溫良、博通經史之滿漢諸臣數員，令其出入侍從，以備朝夕顧問，並請先將經史典籍內，古帝王敬天勤民、用賢善諫等善政採集成書，分班直講，每日陳說數條。

康熙七年十月頒諭禮部，提出了以「文教爲先」的聖諭十六條作爲治國綱領，從而將「經國以文」的基本國策進一步明確化。康熙九年令進經筵日講，不久復設起居官，形成了較穩定的帝王教育制度。

康熙十二年，吳三桂開始發動叛亂，打出「反清復明」的旗幟，挑動民族情結，人心浮動，神州搖蕩。康熙在三藩叛亂時、軍務繁雜時，仍舊堅持要求開經筵，行日講。其目的不僅在學習漢族傳統的統治方法，其本身就是一種策略性的舉動，孟森先生指出，這是「聖主善馭天下士」的表現之一。他說：

> 康熙間講學之風大盛，研求性理，此時已用熊賜履開其先聲，纂修經義，明習天文曆算，皆於此開其端。以天子諄諄與天下通儒爲道義之講論，實爲自古所少，其足以繫漢人之望者如此。而考其時勢，則正復黔、秦、蜀、湘盡陷，東南浙、閩、兩廣、江西蠢蠢思變，方與十三年歲抄議親征而未發之時，無論其爲鎮定人心與否，要能無日不與士大夫講求治道，其去宦官宮妾蔽錮深宮之主遠矣。
> 〔註125〕

「學統」與政統一體兩面，政統以「學統」爲依歸。帝王聖學乃政統基礎，惟有承襲華夏千古「學統」，政統方可爲「正」，天下方可底定。然滿清帝國入主中原之初，「東南浙、閩、兩廣、江西蠢蠢思變」，天下騷動，四海板蕩。爲收攏士心，「鎮定人心」，必以經筵日講爲端緒承繼華夏千古聖學，以正治統。故康熙於藩王叛亂、軍務繁忙之際，仍然「無日不與士大夫講求治道」，

〔註125〕孟森：《明清史講義》（下），中華書局 1981 年，第 420 頁。

可見，經筵日講已不再僅僅繫於君德之成敗，更繫於天下之安危。

康熙十二年，三藩叛亂戰爭烽火蔓延到 11 個省，滿清王朝面臨空前危機。在中國古代，「士」爲四民之首，他們的行爲取向、政治意向對社會其他階層擁有很大的影響。清初士人對明朝故國的懷念、對清朝的敵對情緒，以及由此引起的社會人心的搖蕩，凡此種種，皆爲清廷的心腹大患。士心定，則人心定；人心定，則天下安。士心以文心爲依歸，爲爭取士心，康熙十七年，康熙果斷地採取了開設「博學鴻儒科」這一重大舉措。博學鴻儒科是康熙的一種創新，它集漢代薦舉與唐宋詞科意旨於一體，是科舉之外的一種特科，又稱制舉和大科。由天子親召或親試，用以吸納非常之才。康熙十七年正月二十二日，康熙鄭重諭內閣：

> 自古一代之興，必有博學鴻儒振起文運，闡發經史，潤色詞章，……思得博洽之士，用資典學。我朝定鼎以來，崇儒重道，培養人才，四海之廣，豈無奇材碩顏，學問淵通，文藻瑰麗，可以追跋前哲者？凡有學行兼優、文詞卓越之人，無論已仕未仕，著在京三品以上及科道官員、在外督撫布按，各舉所知，朕將親試錄用。其餘內外各官，果有眞知灼見，在內開送吏部，在外開報督撫代爲提薦。務令虛公延訪，氣得眞才，以副朕求賢右文之意。兩部即通行傳諭遵行，特諭欽此。

朝廷三令五申，地方官員一再催促，在被薦舉的 186 人中，除去丁憂和疾病的人員外，有 143 人最終趕赴京城。康熙十八年三月一日，康熙親自召試體仁閣，試題爲一詩一賦，錄取一等 20 人，二等 30 人。這就是堪稱「一代偉觀」、「曠世大典」的己未博學鴻儒科。

繼經筵日講而後，徵召博學鴻儒，以詩賦取士，這是康熙王朝皈依華夏千古文脈又一重大宣誓，同時也是康熙「定天下的一個大計」。雖然有些士林精神領袖如黃宗羲等高潔之士，仍風骨錚錚，志節耿然，爲保持清操志節，高蹈不仕，不願與清廷合作，辭不就召。但康熙十八年徵召博學鴻儒科，在當時仍然令士心震動，朝野上下，熱議紛紛。五十名鴻儒被錄用後，爲萬眾矚目的對象。濟濟一堂的博學鴻儒，來自不同的階層和地域，他們或貧賤、或富貴；或曾爲顯宦，或仍爲布衣；或聲名遠播，或聲氣相接。這些博學鴻儒與其他士人階層之間有著著千絲萬縷的聯繫，故鴻儒群體對當時士林的影響甚爲深遠，即便是康熙朝以後，文人學士仍對此津津樂道，讚不絕口，將

徵召博學鴻儒視為曠世盛典，一代偉觀。

關於康熙皇帝特設博學鴻詞科對學術走向的意義，梁啓超《論中國學術思想變遷之大勢》指出：「清興，首開鴻博，以網羅知名士；不足則更徵山林隱逸，以禮相招；不足則復大開明史館，使夫懷故國之思者或將集焉。上下四方，皆入其網矣。」〔註126〕與順治朝「科場案」、「奏銷案」等威懾江南文士的事件不同，康熙皇帝這次以非同尋常的科舉形式，懷柔天下，以求收攏士心。作為被舉薦入試的文士，無論其婉言謝絕還是欣然應招，面對康熙皇帝所予以的特殊禮遇，想必都會有所感念。尤其是康熙皇帝授命入選的 50 人全部參與纂修《明史》，這使明朝故老文臣懷念故國的情緒有所寄託。康熙朝將明史編史活動納入了官方學術的整體框架之中，朝野震動，甚至吸引了顧炎武、黃宗羲等著名遺民人士以間接方式予以關注，這在一定程度上穩定了震蕩不已的士民心緒。後世史家孟森在《己未詞科錄外錄》中也指出這次博學鴻詞科對於籠絡文士和穩定社會的重大意義：「四民以士為領導，士以科舉為依歸。其尤秀傑者，至科舉亦不樂就，而其才名已為士林指目，苟不得其輸心，則尋常科目，或有不足牢籠之人物，天下之耳目猶未歸於一也。聖祖於三藩未平，大勢已不慮蔓延而日就收束，即急急以制科震動一世，巽詞優禮以求之，就範者固已不少。即一二倔強徹底之流，縱不俯受銜勒，其心固不以夷虜絕之矣。」〔註127〕博學鴻儒的開設終於使清王朝突破了華夷之辨的心理堤防。康熙初年，文人士子感懷亡國之思，心中悵然，多有「憂傷怨悱不得志於時」的人生感慨。誠如蔣景祁在《荊溪詞初集序》中所言：「古之作者，大抵皆憂傷怨悱不得志於時，則詫為綺聲頓節，寫其無聊不平之意。今生際盛代，讀書好古之儒，方當銳意向榮，出其懷抱，作為雅頌，以黼黻治平，則吾荊溪之人之文不更可傳矣乎？而詞之選不亦可以已乎？」這實際上以委婉的語氣說明：這本詞集所收錄的是康熙十七年前的作品，多是這一派詞人「不得志於時」、「寫其無聊不平之意」的產物。而博學鴻詞科後，士人「生際盛代」，學術風氣已經轉變，這時再印行《荊溪詞初集》反而顯得不合時宜了。蔣景祁甚至用了「自悔」一詞來表達內心的感慨。康熙二十五年，蔣景祁又編纂了選錄清初詞作的《瑤華集》。他在《刻〈瑤華集〉述》中不再

〔註126〕梁啓超：《論中國學術思想變遷之大勢》。
〔註127〕孟森：《己未詞科錄外錄》，見《明清史論著集刊》下，第 517 頁，中華書局1984 年版。

強調詞人「不得志於時」的背景，而是開篇第一句就稱頌「國家文教蔚興，詞爲特盛」。〔註 128〕這種話語的轉換足以說明文人心態的變化。

開科博學鴻儒，以詩賦徵召文人士子對清初學術思想、政治統治、士林風氣等，影響之巨，不可限量，清初立國百餘年，以開設博學鴻儒科爲界標，清朝國魂由此轉型鑄就，大清王朝由一蠻野政權轉型爲一郁郁乎文哉的文治之國。誠如後世史家所言「己未詞科，實文治幹運之鈞樞」〔註 129〕。

康熙帝，名玄燁。在位六十一年，主政初期，以武戡亂，而後以文治天下：「康熙二十年以後，形勢漸漸變了。……一面社會日趨安寧，人人都有安心求學的餘裕，又有康熙帝這種『右文之主』極力提倡」。〔註 130〕作爲一代「右文之主」，康熙皇帝非常推重詩書禮樂：「今天子首重樂章，凡於郊廟燕餉諸大典，其奏樂有聲之可倚者，必命辭臣豫爲釐定」〔註 131〕。

爲振興詞學，康熙皇帝親自主持文臣整理編輯了兩部重要的詞學典籍，一是康熙四十六年的《御定歷代詩餘》一百二十卷，一是康熙五十四年的《欽定詞譜》四十卷。這兩部詞籍的整理，不僅是對前人諸多詞學研究成果的全面總結，也使詞學納入了比較嚴謹的校勘考據的學術規範之中，進一步提高了詞學的地位。除編撰詞學典籍外，康熙皇帝還親自主持編撰《全唐詩》與《歷代詩餘》。

詩詞典籍的整修編輯爲清代詩詞文化的復興奠定了基礎。《四庫全書總目》評價《全唐詩》說：「得此一編，而唐詩之源流正變，始末釐然，自有總集以來，更無如是之既博且精者矣。」又評價《歷代詩餘》說：「網羅宏富，尤極精詳，自有詞選以來，可云集其大成矣。」這並不是過譽之詞。可以說，如果不是康熙皇帝親自裁定，由官方組織人力、物力，這些大型文獻的整理和刊刻工作是難以完成的。康熙皇帝亦在《御製歷代詩餘序》中記述了欽定詩詞典籍的情景：「朕萬幾清暇，博綜典籍，於經史諸書有關政教而裨益身心者，良已纂輯無遺。因瀏覽風雅，廣識名物，欲極賦學之全而有《賦彙》，欲萃詩學之富而有《全唐詩》，刊本宋金元明四代詩選，更以詞者繼響夫詩者也。乃命辭臣輯其風華典麗悉歸於正者，爲若干卷，而朕親裁定焉。」〔註 132〕

〔註 128〕蔣景祁：《瑤華集》。
〔註 129〕參閱《啓功叢稿·題跋卷》，第 314 頁，中華書局 1999 年版。
〔註 130〕梁啓超：《中國近三百年學術史》。
〔註 131〕參見葉嘉瑩《清詞論叢》，第 118 頁，河北教育出版社 1998 年版。
〔註 132〕朱彝尊：《詞綜》。

　　爲承襲華夏千古文脈，康熙皇帝組織文臣全面整理了歷代的詩賦詞曲等
文學文獻，在其「不遺一技」的總體格局中，詞總集《歷代詩餘》和詩歌總
集《全唐詩》得以同時整理刊印。這使向來被人視爲「小道」的詞體得到了
與詩歌並提的地位和官方的關注。康熙皇帝還親筆御書未詩詞總集作序。一
代帝王，於日理萬機之餘，傾國家之力編撰詩詞典籍，自宋代以來所未有，
這充分展示了清王朝對華夏古雅文化的精神皈依。

　　這些文獻整理成果作爲康熙「文治」的標誌性成果，在當時就得到了文
人的稱讚。例如，《全唐詩》和《歷代詩餘》刊刻時，朱彝尊已經近 80 歲了，
他在文章中歌頌：聖天子文軌之盛，包海內外，野無遺賢，終始典學，香廚
中簿之藏，分授詞臣，編纂會粹。如果說歷史上宋徽宗設大晟府曾對北宋詞
的發展產生了一定影響的話，康熙皇帝所御定的這兩部詞學典籍卻具有前所
未有的特點，並對清代政治與文化產生了十分深遠的影響。這兩部詞籍的整
理，不僅是對前人諸多詞學研究成果的全面總結，也使詞學納入了比較嚴謹
的校勘考據的學術規範之中，進一步提高了詞學的地位。對此，乾隆年間浙
派後人王昶還在追述：「昔聖祖仁皇帝表章六藝，兼宗百家，合全唐詩而編輯
之，益之以詞。又取唐、宋、元、明之詞，彙爲一百二十卷。又定《詞譜》
四十卷，而後詞學始全，用以示海宇而光藝苑。其汲汲於此，蓋以詞者樂府
之條理，詩之苗裔，舉一端而六藝居其二焉。故論次之不遺餘力也。淺夫俗
士，輒以小道薄技目之，何足以仰窺聖言之大哉？」〔註 133〕康熙朝整修編撰
詩詞典籍，爲清代詩詞的中興奠定了基礎，乃至到同治年間，杜文瀾仍然對
康熙皇帝的文治之功念念不忘：「我朝振興詞學……我聖祖既選《歷代詩餘》，
復御製《詞譜》，標明體調，中分句韻，旁列平仄，俾承學之士有所遵循。詞
書於是大備。」〔註 134〕詩詞典籍的編撰整修爲清代詞學的振興奠定了基礎，
同時也形塑了清代社會的文風崇尚的精神風貌。

　　清帝國對華夏文化的精神皈依不僅僅表徵於一定的文治政策與文治舉
措，更見諸於清帝國的統治者內心深處對華夏千古文雅風華的熱切追慕與崇
尚，同時也源自於對傳統士人身份的深切認同。清初文運之盛，時至康熙一
朝，華夏的詩詞經學逐漸沉澱爲清王朝統治者的文化基因。作爲一代帝王，
康熙帝不僅僅具有戡亂以武的雄主本色，也內涵博雅精深的文化底蘊，可謂

〔註 133〕《康熙朝實錄》。
〔註 134〕杜文瀾：《憩園詞話》卷 1。

一代學者型帝王與「右文之主」。

　　康熙皇帝不僅僅是一代帝王，也是「博綜典籍」、「瀏覽風雅」的一代學者。康熙皇帝一生講求儒學，從五歲起即開始博覽經學典籍，時至晚景，他還不由感慨地說：「朕自沖齡至今，六十年來未嘗少輟經書」，〔註135〕多年的精研博覽，康熙皇帝深感經學義理「如日月之光昭於天，嶽瀆之流峙於地」。〔註136〕他親自撰寫孔廟碑文，「以昭景行尊奉至意」，並認為仲尼之道是「天道」，他說：「聖人之道，如日中天。講究服膺，用資治理，爾師生勉之」。〔註137〕康熙皇帝對先賢聖哲的深切讚許充分表達了他的敬仰之情：「朕敬法至聖，景仰宮牆，嚮往之誠，弗釋寤寐」。〔註138〕康熙對經學義理的推崇，已達到了無以復加的地步，大大超過了前此的任何一位封建帝王。康熙皇帝認為經世以文，必須要講明經學義理，他認為「萬世道統之傳，即萬世治統之所繫也」，道統與治統一體兩面，道統是治統的精神皈依：「道統在是，治統亦在是矣。歷代賢哲之君，創業守成，莫不尊崇表章，講明斯道」，〔註139〕康熙皇帝非常仰慕先賢聖哲之道，尤為崇奉朱程理學：讚歎「宋儒朱子，注釋群經，闡發道理。凡所著作及編纂之書，皆明白精確，歸於大中至正，經今五百餘年，學者無敢疵議。朕以為孔孟之後，有裨斯文者，朱子之功，最為宏巨」。〔註140〕他還評價朱熹：「集大成而繼千百年絕傳之學，開愚蒙而立億萬世一定之規。窮理以致其知，反躬以踐其實。……至于忠君愛國之誠，動靜語默之敬，文章言談之中，全是天地之正氣，宇宙之大道。朕讀其書，察其理，非此不能知天人相與之奧，非此不能治萬邦於衽席，非此不能仁心仁政施於天下，非此不能外內為一家」。〔註141〕康熙皇帝如此崇信朱程理學，遂將其尊奉為清代官方哲學，成為清代統治集團的精神信念。康熙皇帝對於朱程理學的研習並非局限於尋章摘句式的考究，而是一種大開大合式的梗概感悟：「他把理學的龐大體系和諸多說教，統統歸納為一個「敬」字。他說：「朕自幼喜讀《性理》，書中千言萬語，不外一「敬」字。人君治天下，但能

〔註135〕《康熙政要》卷16。
〔註136〕《清聖祖御製文一集》卷19《日講四書解義序》。
〔註137〕《清聖祖實錄》卷28。
〔註138〕《清聖祖實錄》卷130。
〔註139〕《清聖祖御製文一集》卷19《日講四書解義序》。
〔註140〕《清聖祖實錄》卷249。
〔註141〕《清聖祖御製文四集》卷21《朱子全書序》。

居敬，終身行之足矣。」〔註142〕主張人君以敬為本，謹慎自持，就能治國安
民。康熙皇帝對於理學的探析並非止於理論的研討，更十分強調理論的躬行
實踐：「凡所貴道學者，必在身體力行，見諸實事，非徒託之空言。」〔註143〕。
對於那些言行不一的所謂理學名臣，玄燁一概予以抨擊。他認為「終日講理
學，而所行之事，全與其言悖謬，豈可謂之理學？若口雖不講，而行事皆與
道理吻合，此即真理學也」。〔註144〕康熙皇帝將理學視為立身根本之學，並將
其具體化為人們的社會行為準則：「敦孝悌以重人倫；篤宗族以昭雍睦；和鄉
黨以息爭訟；重農桑以足衣食；尚節儉以惜財用；隆學校以端士習；黜異端
以崇正學；講法律以儆愚頑；明禮讓以厚風俗；務本業以定民志；訓子弟以
禁非為；息誣告以全良善；誡窩逃以免株連；完錢糧以省催科；聯保甲以弭
盜賊，解仇忿以重身命。」〔註145〕

康熙皇帝對於朱程理學不僅致力於學以致用，更著力於學理性的研習與著
述，僅康熙欽定纂修頒發全國的《性理大全》、《性理精義》等著述就多有十多
部。《理學論》作為一部學理性著述是康熙對朱程理學的哲體認：「夫理，語大
乾坤莫能載，語小乾坤莫能破。散之萬物，歸於一中，無過不及。」〔註146〕
哲學體認上的理學化，必然影響其人格理想與審美意趣，康熙修建避暑山莊
充分表達了他俯仰天地之間，寂然不動，感而遂通萬物之理的審美旨趣：「無
刻桷丹之費，喜泉林抱素之懷。靜觀萬物，俯察庶類。文禽戲綠水而不避，
麋鹿映夕陽而成群。鳶飛魚躍，從天性之高下，遠色紫氛，開韶景之低昂。」
〔註147〕康熙筆下的御園，幾乎類似於歷代鴻儒高士們隱逸棲居。經學義理的
研習逐漸內化為一種精神氣質，一生篤學的康熙已不僅僅是一位行政性的帝
王，更是一位學者型帝王。

如果說康熙是一位學者型皇帝，那麼乾隆則是一位文人化的皇帝。乾隆
皇帝「自幼讀書宮中，講誦二十年來，未嘗少輟」。〔註148〕朱程理學備受康
熙先帝推崇，自幼深宮講習的乾隆皇帝自然也身受經學浸染：「皇考選朝臣，

〔註142〕《清聖祖實錄》卷275。
〔註143〕《清聖祖實錄》卷115。
〔註144〕《清聖祖實錄》卷112。
〔註145〕《聖諭廣訓》。
〔註146〕《清聖祖御製文四集》卷21《理學論》。
〔註147〕《清聖祖御製文三集》卷22《避暑山莊記》。
〔註148〕《清實錄》。

授業我兄弟。四人皆宿儒，徐（元夢）朱（軾）及張（廷玉）嵇（曾筠）」。
〔註149〕對理學名家給自己的影響，乾隆深有感觸，他69歲時，因感慨即位
之初舊臣所餘無幾，作一組《懷舊詩》共23首。這一組詩所懷念者，爲與乾
隆一生至關重要的五類大臣：老師、閣臣、功臣、詞臣與督臣，共23人。三
位老師名列首位：福敏、朱軾、蔡世遠。三人均爲理學名臣。福敏著述不多，
但行爲處事以理學自律，「余初就外傅，始基之立，實有以成之故，每追念不
置云」。〔註150〕理學名師的精心教誨塑造了乾隆皇帝博雅通儒的士人氣質。
乾隆皇帝一生不僅僅以政治業績而名垂青史，更以其文采風雅流芳後世。他
不僅在政治上最終鑄就了「康乾盛世」的政治業績。更在文化學術上有著獨
到的見解與體認。如對天地人的關係，康熙認爲：「天地感而萬物化生，聖人
感人心，而天下和平。天地無心，以萬物爲心；聖人無情，以萬民爲情。」
〔註151〕對與人格至關重要且被傳統士人視爲圭臬的修身養性，他以帝王之姿
提出自己獨到的見解：「自天子以至於庶人壹是皆以修身爲本。天子庶人，其
分雖殊，而修身則無二致。修身者，天子之所以爲天子，庶人之所以爲庶人
也。」〔註152〕對於人格的修煉，乾隆更是有著獨到的人生哲學，這種人生哲
學，一言以蔽之，可以概括爲一「抑」字。有的時候，人生的災禍大多源於
自我的放縱，面對紛紛擾擾的外部世界，惟有深沉內斂自己的性情，隨遇而
安，順其自然，方可獨善其身。

　　乾隆皇帝平和內斂的人格特質與淵源深厚的理學涵養，成就了乾隆皇帝
的清新儒雅的書卷之氣，同時也造就了他謙謙自抑的士人風采。在乾隆自身
的文化結構中，文雅風華的詩詞文化佔有重要的地位。對此，他在即位之初
針對朝中有人臧否文人時曾這樣說：

> 朕閱督撫參奏屬員及題請改教本章，每有「書生不能勝任，及
> 書氣未除」等語。夫讀書所以致用。凡修己治人之道，事君居官之
> 理，備載於書……若州縣官果足以當書生二字，則以易直子諒之心，
> 行寬和惠愛之政，任一邑則一邑受其福，蒞一郡則一郡蒙其休。朕
> 唯忍人不足當書生之稱，而安得以書生相戒乎？朕自幼讀書宮中，

〔註149〕《清高宗御製詩四集》卷58。
〔註150〕《清高宗御製詩四集》卷58。
〔註151〕《清高宗御製文三集》卷1。
〔註152〕《清高宗御製文初集》卷1。

講誦二十年來，未嘗少輟，實一書生也。王大臣爲朕倚任，朝夕左
右者，亦皆書生也。……至於書氣二字，尤可寶貴。果能讀書，沉
浸蘊釀而有書氣，更集義以充之，便是浩然之氣。人無書氣，即爲
粗俗氣，市井氣，而不可列爲士大夫之林矣。

乾隆皇帝對士大夫文化與士人書卷之氣的推崇，溢於言表。

詩詞書畫是中國傳統士人文化的精神載體，皇帝崇尙風雅，好與文士結
交，在帝王史上不乏其人，甚至標舉雄闊，張揚武力的漢武帝，都要做出在
柏梁臺與群臣賦詩的千古風流之事。但是，像乾隆皇帝那樣終其一生詩興勃
發，在長達半個多世紀的漫長歲月中，時時處處與詞臣和詩聯句卻十分罕見。
幾十年積累下來，其所做詩詞幾近 4 萬多首，接近《全唐詩》的總和。這其
中有的雖爲詞臣所做，但也足見其詩作之多。

乾隆不但雅好詩詞，而且還酷愛書畫藝術。在中國古代，唐太宗酷愛書
法藝術早已名貫千古，相較於唐太宗對書法藝術的熱愛，乾隆皇帝有過之而
無不及。自幼身受詩書文化涵養的乾隆皇帝，有著深切的「蘭亭情結」。書聖
王羲之的墨蹟名揚天下，後世追摹者無計其數。不僅大書家虞世南、諸遂良、
趙孟兆頁、董其昌等人多次摹寫，還爲諸多帝王所追慕，千古一帝的李世民
對於蘭亭墨蹟的酷愛更是如醉如癡。自唐太宗而後，近千年以來，像乾隆皇
帝那樣對蘭亭墨蹟如此癡迷者，再無二人。他經常以「蘭亭」爲題，揮灑丹
青，吟詠歌詩，以託懷古幽思。

乾隆皇帝不僅酷愛書法藝術，而且深具鑒古賞畫的風雅之習，乾隆皇帝
漢裝畫像淋漓盡致地展現這一點。乾隆的漢裝圖雖不能視爲清代宮廷的生活
紀實，但卻是他真實生活內容的寫照，漢裝畫像所描繪的場景或情感頗具生
活的真實性。在日常生活類漢裝圖中，無一不畫文人雅士必備的筆墨紙硯、
琴棋書畫。

乾隆對文人畫的欣賞意趣，在他的詩集中，可尋到大量的印證。鑒賞古
器這一風雅活動，在宋士大夫中臻於極盛，時收藏鑒賞之習風靡朝野。乾隆
宮廷在這方面的活動絲毫不讓於兩宋，乾隆曾投入相當大的人力物力，對宮
廷收藏分門別類，做系統的鑒定與整理。如整理出版了對今人仍具價值的有
關書畫古器的書籍《西清古鑒》、《秘殿珠琳》、《西清硯譜》等。

康乾兩帝博綜典籍的醇厚學養與宏納眾流的君子氣象對於清初士風與民
風的影響十分深遠，尤其是乾隆一朝，皇室宗親的文雅風華的貴族生活風範

更是奠定了有清一代的文脈國魂。在乾隆盛世之際，皇室宗親及滿族大臣無不崇尚風雅。聽政之餘，乾隆皇帝與皇室宗親吟詩詠賦是其業餘生活的重要內容：「予與王（指和親王弘晝）幼同學同課，習爲詩古文詞。……日寢饋於經史中，世綱塵務，毫髮不以嬰其心。」〔註153〕沉浸於郁郁乎文哉的清初世風之中，皇室宗親崇尚風雅之氣浸潤皇族生活的點點滴滴。

尤其是那些王公之家，多延請優雅文學之士於府第教讀，並喜與漢族名流文士交遊，不少王公子弟還仿傚漢族文人，給自己取室名雅號。如阿巴泰之子安親王岳樂，「其邸中多文學之士……安王因以命教其諸子弟。」岳樂之子安郡王瑪爾渾，號古香閣主人，「少封世子即好學，毛西河、尤西堂諸前輩皆遊賞其邸中。」他的侄子文昭，則「辭爵讀書」，拜一代詩人之宗王士鎮爲師，自號紫幢主人。阿巴泰這個叱吒沙場的驍悍武將其後代大多成了彬彬文士。懊郡王允禧，號紫瓊道人，「多延接四方博雅端愨之士，日相翻切」。一個個以勇武著稱於世的八旗貴族子弟歷經多年，大多轉化爲一代儒雅文人，大清王朝的國魂民風已發生根本轉變。

時至清初，文風崇尚的皇室風習不僅僅是一種附庸風雅的貴族生活點綴，而是根植於皇家血脈的文化基因，有清一代，「自王公至閒散宗室，文人代出。」這種評論，反映了清皇族引人注目的文化成就。根據《八旗藝文編目》等書統計，至清末，宗室文人的詩文集及學術著作多達一百九十多種，作者一百一十多人。文學方面，較著名的人物有：皇太極六子鎮國公高塞，號敬一主人，有《恭壽堂集》行世，「詩多清警」，王士鎮稱他「工詩、畫……雖士大夫無以逾也。」塞爾赫，穆爾哈齊曾孫，「雅工詩」，深得乾隆時著名詩人沈德潛稱譽。文昭，阿巴泰曾孫，「才名藉甚」，其詩作有「擷百家之精華」之稱，康熙帝也稱讚他「詩學甚好」。康熙時，「安邸文學最盛」，成就最大的，是號紅蘭主人的岳端，他的詩落拓放達，愈境邃遠，且綺麗清新，「頗爲王士鎮所稱」，後人稱他是「一代宗演之秀……即較之江南奢宿，亦足自樹一幟。」

清代崇文風尚蔚爲士風、民風與國風，其流風所及，風氣之盛，甚至於引起朝廷的憂懼：「設使不知省改，相習成風，其流弊必至今羽林侍衛等官，咸以脫劍學書爲風雅，相率而入於無用。……所關於國運人心良非淺鮮，不

〔註153〕《清高宗御製文初集》卷10《稽古齋文集序》。

可不知儆惕。」〔註154〕從乾隆皇帝這段充滿憂懼的言論中，我們可以想見，
清初右文尚雅已「相習成風」，如若不加以「省該」和扭轉，恐怕連「羽林侍
衛」等武官都將以「脫劍學書」為風雅，可以想見清初尚文之風何等深廣。
然而人是一種審美的存在，對於文雅風華的追慕是一種不以人的意志為轉移
的社會文化趨勢。

〔註154〕《國朝宮史續編》卷 1。

第八章 「登高能賦可爲大夫」與「士爲四民之首」的歷史定位──斯「文」崇聖與尙「文」政治傳統的千古垂成

　　尙文風尙的千古垂成奠定了中國傳統政治的學理化本色。道、學、政作爲中國傳統政治文化的思想主脈確立了文人士子的歷史定位。士作爲一種文化傳統、精神象徵與社會權威自先秦之際既已風動天下。「孔子以後，諸子百家群興，他們全是士，士流品得勢，貴族階級被推翻，中國此下就變成了一個四民社會。」〔註1〕漢代以後，中國歷代大一統封建王朝的執政官員「多數是進士出身的文人，因此造成文人執政的局面，相沿下來，一直到明清，均可稱爲文人政治時期」。〔註2〕

一、「策士一怒天下懼」與先秦士人的社會權威

　　「士」作爲一個社會階層源起於西周，其身份屬性歷來莫衷一是。是有的學者認爲「士」最初是武士，而後歷經春秋、戰國時期的社會變遷逐漸轉化爲文士。事實上，不論文士、武士，都有著深厚的詩書禮樂的文化淵源，皆可統稱爲飽讀詩書的「學士」，在先秦社會都擁有崇高的地位。通讀《孟子》全文，常以君、士、民三個向度來分層先秦社會。近代國學大師錢穆先生在論及士與中國傳統社會時，也曾明確指出「士是中國社會的中心」。

〔註1〕錢穆：《中國歷史精神》，九州出版社，2011年，第36頁。
〔註2〕參閱牟潤孫：《從唐初期政治制度論中國文人政治之形成》，載於《注史齋叢稿》，中華書局，1987年。

　　從發生學角度來看,「士」最初的意涵乃爲朝臣官員之「總號」。如《尚書・多士》篇屢次用到「用告商王士」、「爾殷遺多士」、「爾殷多士」等稱呼,孔穎達正義曰:「士者,在官之總號,故言士也。」再如《酒誥》:「厥誥毖庶邦庶士,越少正」。〔註3〕清代學者孫星衍在《尚書今古文注疏》中曰:「庶士者,士之言事,總謂朝臣也」。〔註4〕又《詩・大雅・文王》中亦有「文王子孫,本支百世。凡周之士,不顯亦世」等句,孔穎達正義曰:「此多士是上世顯之人,則諸侯及公卿大夫此文皆兼之」。〔註5〕《詩經》中的「士」既包括文王子孫,又涵蓋了周代的整個貴族階層。透過諸多先秦典籍,我們依稀可見,在西周時期,「士」即爲社會貴族。

　　周代社會是禮樂社會,士作爲社會貴族階層,深諳禮樂教養。著名史學家楊寬結合古文獻與金文資料,揭開了西周社會貴族生活的一個面向:西周貴族子弟的學校,已較完備,有所謂小學和大學。並結合禮書的記載進一步認爲西周的大學不僅是貴族子弟學習之處,同時又是貴族成員集體行禮、集會、聚餐、練武、奏樂之處,兼有禮堂、聚會、講學性質,實際上就是當時貴族公共活動的場所。而其教學內容以禮樂和射爲主。〔註6〕這說明西周貴族的「士」,不僅具有一定的文化修養,還具備了一定的武力訓練。有鑒於此,從歷史的觀點討論士的起源問題,多數近代學者都認爲士最初是武士,經過春秋、戰國時期的激烈的社會變動然後才轉化爲文士。余英時舉出顧頡剛先生在《武士與文士之蛻化》一文中「武士蛻化爲文士」的觀點來討論,但是他本人並不認同這一說法。西周時期,政治和教育不相分離,官吏與教師合爲一體,即所謂「治教無二,官師一體」,這種政教合一的古典以禮、樂爲中心,輔以射、御、書、數的六藝教育。禮樂教育作爲一種「內心修養」在六藝教育中佔有核心地位。「『內心修養』不但文士需要具備,武士也同樣不能缺少」。〔註7〕余英時先生認爲,中國古代之士在未分化之前是文武並包的,即便身爲武士,也具有深厚的禮樂修養和文化內涵。

〔註3〕《尚書正義》卷14。
〔註4〕孫星衍:《尚書今古文注疏》,中華書局(十三經請人注疏叢書),2004年。
〔註5〕李學勤主編:《毛詩正義》,十三經注疏標點本,北京大學出版社,1999,第961頁。
〔註6〕楊寬:《西周史》,上海人民出版社,1999年,第664~674頁。
〔註7〕余英時:《士與中國文化》,前引書,第7頁。

「樂正崇四術，立四教。順先王詩、書、禮、樂以造士」。〔註8〕士作爲西周時期的知識階層不但君、大夫一樣佩玉、善操琴瑟，以「六藝」自修其身，文武雙修，既是當時社會的文化學人，也貴爲社會統治階層。

春秋戰國時期，「天子失官，學在四夷」，東周王朝一統天下的權威被打破，政治權力對於學術文化的壟斷被徹底打破，私學的蓬勃發展成就了中國傳統社會思想和文化最爲輝煌燦爛的時代。春秋戰國時期是我國歷史長河中的一段特殊的歷史時期。這一時期是「高岸爲谷，深谷爲陵」的亂世，又被雅斯貝斯稱爲「軸心時代」。雅斯貝斯認爲：「這個時代產生了直至今天仍是我們思考範圍的基本範疇，創立了人類賴以存活的世界宗教之源端。無論在何種意義上，人類都已邁出了走向普遍性的步伐。」〔註9〕在這一軸心時代，春秋士人著書立說，游學天下，闡發各自的思想學說，從而成就了百家爭鳴的學術盛況。中國偉大的思想家大多出現於這個時代，他們的學說構成了中華文明的精神主脈和思想基礎。對後世文化學術的發展產生了極大的影響。春秋各家學派提出的思想話題與哲學觀點，成爲了後世學者進一步研究的起點，以後中國2000多年的文化學術發展的道路中的各種問題、思想都可以從先秦百家爭鳴中追溯到其源頭。春秋學人以學術引領天下，以思想開拓中國歷史的藍圖。春秋學人的文化觀念開啓了中國傳統文化的精神航向，鑄就了中國傳統歷史的思想坐標。

隨著王官失守和學術下移，新興士人的代表——諸子百家的士人學子登上歷史舞臺，標誌著新興士人階層已經崛起。隨著新興士人階層的日益壯大，他們的社會作用也越來越大。大約在公元前五世紀中期左右，春秋大夫集團崩潰，士集團獲得優勢地位。〔註10〕戰國時期，士人學子一方面虔心耕讀，一方面游說天下，積極參與社會政治活動，成爲社會政治運作中一支生力軍。他們或充當各諸侯的謀士和智囊，運籌帷幄之中，決勝千里之外；或者縱橫捭闔，游說諸侯之國。眾所周知，戰國時期戰爭頻繁，軍事實力固然開疆擴土、自我防衛的重要籌碼，然而沒有戰略智慧的軍事實力充其量只是一種烏合之眾，不堪一擊。一切活動都是人的活動，軍事實力歸根結底必須建立在

〔註8〕《禮記·王制》。
〔註9〕雅斯貝斯著：《歷史的起源與目標》，魏楚雄，俞新天譯，華夏出版社1989年。
〔註10〕許倬雲：《春秋戰國間的社會變動》，《許倬雲自選集》，上海教育出版社，
　　　　2002，第107頁。

人才實力上，「夫爭強之國，必先爭謀」。〔註 11〕於是，人的智慧和才幹備受各諸侯國特別重視。一些戰國士人學子擁有傑出的才智與技能，其社會作用尤為顯著，正如後世學者王充所總結的，戰國諸侯紛爭時，士人「入楚楚重，出齊齊輕，為趙趙完，畔魏魏傷」〔註 12〕士人學子們的向背對一個諸侯國的生死存亡往往起著舉足輕重的關鍵作用，其政治影響十分重大。當時就有「得地千里，不若得一聖人」的說法。〔註 13〕這裡的聖人從一定意義而言，就是對高層次士人學子的尊稱。

戰國士人張儀居官於秦國，推行連橫策略取得極大的成功，使秦惠王「拔三川之地，西並巴蜀，北收上郡，南取漢中」。〔註 14〕其一舉一動關涉列國之命運，故有策士「一怒而諸侯懼，安居而天下熄」。〔註 15〕戰國時期，縱橫家蘇秦、張儀游說諸侯，鋪陳各自的政治主張，終於在中國形成了「橫則秦帝，縱則楚王」的政治格局，聯盟（合縱）與反聯盟（連橫）成為當時各諸侯國鬥爭的基調。如果合縱成功，那麼稱霸的將是楚國；如果連橫成功，稱霸的將是秦國：「蘇秦為縱，張儀為橫，橫則秦帝，縱則楚王，所在國重，所去國輕。然當此之時，秦國最雄，諸侯方弱，蘇秦結之，時六國為一，以儐背秦，秦人恐懼，不敢窺兵於關中，天下不交兵者二十有九年」。〔註 16〕蘇秦倡導合縱，「六國為一」，秦國恐懼，二十九年不敢侵犯東方六國，可見，先秦士人學子社會作用何等巨大！

二、「以經治國」與漢代士人社會地位的尊顯

縱觀兩漢以來的歷代大一統王朝，文人主政已成歷史定制，「中國在秦漢以後形成了『士』人政府，社會由士人來領導與控制」。〔註 17〕錢穆先生的這一著名論斷揭示了文人士子在中國傳統政治領域中的主導地位。漢代「以經治國」，設立「五經博士官制度」，將儒學學術水平作為選拔中央官員的重要標準，「自此以來，則公卿大夫士吏斌斌多文學之士矣」。〔註 18〕漢代文化學

〔註11〕 《管子・制分》。
〔註12〕 《論衡・效力》。
〔註13〕 《呂氏春秋・贊能》。
〔註14〕 《史記・李斯列傳》。
〔註15〕 《孟子・滕文公下》。
〔註16〕 《戰國策序》。
〔註17〕 錢穆：《中國歷史精神》，九州出版社，2011 年，第 36 頁。
〔註18〕 司馬遷：《史記・儒林列傳》，中華書局，1959 年。

人主政的政治局面，開啓中國文治傳統的歷史序幕。

　　權力就是「思想力」。思想文化是人類社會的靈魂，思想文化的貧瘠必然引發社會精神的荒漠化，在思想文化的沙漠中，任何政治權力都無法建立起穩固的精神根基，世道人心的沉淪、政治秩序的崩潰、政治制度的瓦都解將無法避免。漢代汲取秦朝文化專制的弊政，以文教立天下，與士人學子共天下，兩漢王朝盛極一時。文景漢武等帝，皆能「開廣門路」，招賢進能，「乘眾人之智」，「用眾人之力」，以求長治久安之策。針對前朝衰亡的歷史成因，提出很多具有遠見卓識的策論，這其中尤以陸賈的《新語》、賈誼的《新書》、賈山的《至言》，晁錯的上疏奏言最具影響力。這些思想觀念既奠定了漢王朝治國安邦的基本國策，又深具思想學術意義。

　　劉邦的布衣集團建立漢帝國之後，鮮有人意識到，如果「沒有儒家士大夫的幫助和援助，他們便不能完全統治。儒家意識形態確立了一個統一帝國的基本理想，爲維繫統一提供了制度框架和文化框架」。〔註 19〕爲了奠基大漢王朝的制度框架與文化基礎，及至「孝武初立，卓然罷黜百家，表章《六經》，遂疇咨海內，舉其俊茂，與之立功。興太學，修郊祀，改正朔，定曆數，協音律，作詩樂。建封禪，禮百神，紹周後，號令文章，煥然可述，後嗣得遵洪業而有三代之風。如武帝之雄材大略，不改文、景之恭儉以濟斯民，雖《詩》、《書》所稱何有加焉！」〔註 20〕漢定天下之後，士子學子雖時常出入於漢家朝廷，備問古今，敷設禮儀，參議典禮政務，不過更多的士人學子，則在民間精研義理，傳道授業於生徒，游離於朝野之間。及至漢武帝即位，罷黜百家，表章《六經》，儒家經典被奉爲治國安邦之大道。「《六藝》者，王教之典籍，先聖所以明天道，正人倫，致至治之成法也。」〔註 21〕「以經治國」遂成爲漢王朝立國安邦的基本國策。在「以經治國」的時代方略下，漢代社會的儒學化逐漸成爲這一代時代的基本特徵，「遺子黃金滿贏，不如一經書」的民謠彰顯了漢代社會的基本價值取向。伴隨著「五經博士官制度」的設立，漢代士人學子逐漸登上政治舞臺。

　　漢王朝爲擴大執政的社會基礎，積極吸引士人參政，尤其是漢武帝以後，博開藝能之路，悉延百端之學，在廣泛徵求人才的同時，允許士人自薦求仕，

〔註 19〕艾森斯塔德：《帝國的政治體制》，江西人民出版社，1992 年，第 192 頁。
〔註 20〕《漢書‧武帝紀》。
〔註 21〕班固：《漢書‧儒林傳》，卷 88，中華書局，2002 年，第 3589 頁。

史載漢武帝「徵天下舉方正賢良文學材力之士，待以不次之位」。〔註22〕漢武帝獨尊儒術，又實行通經入仕，整個官僚機構向士人敞開了大門，這些政治上的嶄新建樹開啓了西漢王朝的政治轉折點。奠定了中國傳統政治的歷史走勢，歷史影響極爲深遠。

漢初政權的主要官員大多由功臣、劉姓宗親及其子弟擔任。「降自秦漢，世資戰力，至於翼扶王室，皆武人屈起」，「自茲以降，訖於孝武。宰輔五世，莫非公侯。遂使縉紳道塞，賢能蔽壅。朝有世及之私，下多抱關之怨。其懷道無聞，委身草莽者，亦何可勝言。」〔註23〕秦漢之際，朝廷之上，武人崛起，皇親列於公卿，官僚隊伍帶有濃重的世襲化、裙帶性特徵。漢武帝立五經博士，以制度化的政治架構延攬天下士人學子，漢代政治機能煥然一新。《漢書·儒林傳贊》所說：「自武帝立五經博士，開弟子員，設科射策，勸以官祿」。〔註24〕漢室王朝官員隊伍的結構與素質有了顯著變化。據《漢書》記載：武帝以後被史書立傳的朝廷要員 188 人，士人出身的 150 人，約占 80%。隨著官員世襲制的破除，自漢武帝始，國家各級文職職位，皆以制度化的形式向延攬天下英才，三公九卿往往起於布衣學子，「士人政府」漸成漢代政治定制，正如錢穆所言：「漢高祖以來的一個代表一般平民的、素樸的農民政府，現在轉變爲代表一般平民社會的、有教育的、有智識的士人政府，不可謂非當時的又一進步」。〔註25〕漢代「以經治國」、「學而優則仕」的政治體制奠定了中國傳統政治的歷史走勢，歷史影響極爲深遠。

「經國以文」的基本國策使中國傳統社會的士人學子走上了歷史的前臺，位居重要的政治地位，根植了身後的社會基礎。與戰國時期、西漢初年士人的勢單力薄不同，自漢武帝罷黜百家、獨尊儒術，以知識、道德爲基本素養、以治國平天下爲人生抱負的士人，獲得了參與社會政治管理的有效資格。到西漢末葉的時候，「士人已不再是無根的『遊士』，而是具有深厚社會基礎的『士大夫』了。這種社會基礎，具體地說，便是宗族。換言之，士人的背後已附隨了整個的宗族。士與宗族的結合，便產生了中國歷史上著名的『士族』。」〔註26〕在西漢末年的政治舞臺上，士族扮演了重要角色。王莽「始

〔註22〕《漢書·東方朔傳》。
〔註23〕《後漢書·朱祐景丹等傳論》卷 22。
〔註24〕《漢書·儒林傳贊》。
〔註25〕錢穆，《國史大綱》，商務印書館，1996 年，第 149 頁。
〔註26〕余英時：《士與中國文化》，第 195 頁。

起於外戚,折節力行,以要名譽。宗族稱孝,士友歸仁。」〔註27〕由於贏得了士人與宗族的共同擁戴,王莽才得以成爲西漢末葉眾望所歸的人物。「而新室的失敗,也與其時的士族大姓有相當關係。」〔註28〕正是鑒於對士族勢力的正確估量,光武帝才發出「今天下散亂,兵革並興。得士者昌,失士者亡。夢想賢士共成功業,豈有二哉」的感歎。〔註29〕

時至東漢之際,開國之君劉秀起於太學,君爲儒君,將爲儒將,上行下效,經學及至鼎盛,皮錫瑞《經學歷史》甚至把東漢稱爲經學的極盛時期。在這個經學極盛的年代裏,無論帝王將相,還是士民學子,無不浸透著儒雅氣度。在漢代尤其是東漢,經學傳家逐漸形成一種家族文化傳統。士人學子博雅通儒、窮經皓首,以經學「修身」、以經學「齊家」,經學文化累世相傳逐漸形成經學世家。漢代以經學求賢於世,經學世家與入仕朝廷緊密相連,累世經學逐漸地發展成爲累世公卿。隨著越來越多的士人通過察舉之途進入政權,士與皇帝共天下,中國歷史由此步入中古時代的「貴族制」社會。

三、「平揖王侯」與唐代士人社會地位的尊崇

唐人尚文,朝野皆然。不但君王貴戚、朝中大臣雅好詩作,一般民眾也喜愛吟詠歌詩,乃至「村校諸童競習詩」。〔註30〕在唐代社會,從天子以至一般庶人,三教九流,善詩文者比比皆是:「唐詩人上自天子,下逮庶人,百司庶府,三教九流,靡所不備。」〔註31〕

唐代世風尚文,中晚唐尤甚,故長於詩賦的進士,社會地位越來越受到世人的尊崇。「搢紳雖位極人臣,不由進士科者終不爲美。」〔註32〕即便身爲一國之君,也要放下帝王之尊,以進士身份爲榮,唐宣宗因爲羨慕進士,在皇宮之中以「鄉貢進士李顯龍」自稱。〔註33〕

「詩」具有身份性標誌的意義,因而在一定程度上決定著人們的社會地位。早在殷周之際,詩作爲人神關繫上的言說,歷經了由神聖性的話語向政治性話語,再向身份性話語的演化過程。秦漢之際,詩文更是成爲一種社會

〔註27〕《漢書．王莽傳下》贊。
〔註28〕余英時:《士與中國文化》,第200頁。
〔註29〕袁宏:《後漢紀》卷1。
〔註30〕《元稹集》卷51,冀勤點校,中華書局1982年版,第555頁。
〔註31〕胡應麟:《詩藪》。
〔註32〕王定保:《唐摭言》卷1,上海古籍出版社,1978年。
〔註33〕王定保:《唐摭言》卷1,上海古籍出版社,1978年。

評判標準：「古者諸侯卿大夫交接鄰國，以微言相感，常揖讓之時，必稱詩以諭其志。蓋以別賢不肖而觀盛衰焉。」〔註34〕在中國古代先人看來，詩文是區分辨別賢德之人與不肖之徒的重要標準。

在唐代，詩情才藝是一個人文化素養的標誌，是參與上層主流社會活動的必備條件。讀書人要想步入上層社會，就一定要熟悉上層社會的語境。在「不學詩，無以言」的生活氛圍中，詩是最有效的資質證明。一個孤立無援的士子，完全可以憑藉詩藝進入上層社會。杜甫在《奉贈韋左丞丈二十二韻》中向韋左丞陳情：「讀書破萬卷，下筆如有神。賦料揚雄敵，詩看子建親。……自謂頗挺出，立登要路津。致君堯舜上，再使風俗淳。」在杜甫看來，能詩是「立登要路津」的充分條件。他雖然以「朝扣富兒門，暮隨肥馬塵。殘杯與冷炙，到處潛悲辛」來形容其參加上流社會聚會時叨陪末座的屈辱，但他畢竟是憑藉著自己的詩藝自由出入上層社會的。

一個讀書人，只要經禮部試及第，即使還沒有通過吏部試，也即還未取得官職，已經和一般民眾不同，尤其是榮爲進士的文人士子，更是蔚爲名望。「以詩賦取士者，謂之進士」〔註35〕，據有關資料統計，《唐百家詩選》中近90%的詩人參加過科舉考試，進士及第者62人，占入選詩人總數的72%。而《唐詩三百首》中入選詩人77家，進士出身者46人，占總數的60%。在詩文崇聖的時代背景下，進士社會地位越來越尊貴，史書屢稱：「大抵眾科之目，進士尤爲貴，其得人亦最爲盛焉。」〔註36〕唐代進士科爲士人所趨，報考的人不斷增多，且錄取率又極低，只有百分之一、二。據統計：唐代前期進士及第人數，每年平均僅爲十幾人，中期以後雖然略多些，每年平均也不過三十名左右，因此進士被世人譽爲「士林華選」，備受世人尊崇。他們可以免除差役征徭，享有一定的政治、經濟特權。姚合的「闕下科名出，鄉中賦籍除」二句詩，寫出了文人們所以嚮往科第的實際物質利益所在。而且，當時有任濤因爲詩作得好，有一定的文名，雖未登第，也被作爲特例，免去差役。《唐摭言》記載任濤：

> 豫章筠川人也，詩名早著。有「露團沙鶴起，人臥釣船流」，他皆仿此。數舉敗於垂成。李常侍隲廉察江西，特與放鄉里之役，自

〔註34〕《漢書·藝文志》。
〔註35〕顧炎武：《日知錄》卷16。
〔註36〕王定保：《新唐書·選舉志》，中華書局，1975年。

　　俗互有論列。隲判曰：「江西境内，凡爲詩得及濤者，即與放色役，
　　不止一任濤耳」。〔註37〕

任濤「詩名早著」，憑藉自身的文學才能受到優顧。一介書生，只要文采飛揚，文名顯赫，即可免去鄉里之役，擁有不同於一般民眾的特殊優顧。至於科舉得第者，免除差役更是當然之事，各科皆然，尤其是進士及第者，更是全家免除差役，擁有更爲優渥的禮遇與特權。

　　唐代的文人，享有不同於一般民眾的社會待遇。唐宋之際的五代官員張允在奏章中曾這樣評說唐代時事：

　　　　童子每當就試，止在念書背經，則雖似精詳，對卷則不能讀誦，
　　及成名貢院，身返故鄉，但刻日以除官，更無心而習業，濫竊徭役，
　　虛占官名。〔註38〕

　　唐代童子科舉作爲科舉制中的一個子科目，是唐朝政府爲推行崇聖尊儒政策針對少年兒童設置的一種考試，屬於「歲舉之常選」的科目，在唐代科舉項目排列在末等，不被世人所重視。童子科考試時正如張允奏中所說，只不過是「念書背經」，對照書本有時竟然不能全篇誦讀，即使如此，童子科及第，還是能竊免徭役，則其他科目當更是如此。

　　唐代前期實行租庸調法，後期實行兩稅法。租庸調法與兩稅法都是專制王朝奴役剝削人民大眾的經濟手段。概括說來就是以人丁爲依據的人頭稅，即丁稅；以戶爲依據的財產稅，即調；以田畝爲依據的土地稅，即田租；以成年男子爲依據的徭役和兵役；此外還有其它苛捐雜稅。每戶農家或者出錢，或者出人，都要對封建國家承擔賦役的的剝削與奴役。唐朝賦役令還規定，五品以上高級官僚及王公的親屬都可以按照品級在規定範圍內免除賦役。六品以下、九品以上的中下級官吏只免除其本人的課役，而把負擔轉嫁到廣大勞動者身上。科舉及第者，其身份地位已不同於一般民眾，根據唐朝的法令，凡登科第者，其本人或全家就可以免除賦役。如穆宗《南郊改元德音》中說：

　　　　將欲化人，必先興學，苟升名於俊造，宜甄異於鄉間。各委刺
　　史、縣令招延儒學，明加訓誘，名登科第，即免征役。〔註39〕

在這之後，敬宗時又重申前令：

〔註37〕《唐摭言》卷10《海敘不遇》。
〔註38〕《請罷童子科奏》，《全唐文》卷855。
〔註39〕《全唐文》卷66。

天下渚色人中，有能經通一經、堪爲師法者，委國子祭酒訪擇，
具以名聞奏。天下州縣，各委刺史、縣令，招延儒學，明加訓誘，
名登科第，即免征役。〔註40〕

唐代的文人，享有不同於一般民眾的社會地位。中國傳統社會尊卑不再
以階級出身來決定，而要由文化等級來劃分。而這個尊貴的、優越的文化等
級，是每一個人都可以通過自己的努力去成爲其中的一員的。因此，說到底，
中國古代傳統社會的所謂統治階級，本質上也就是掌握了經典文學這一基本
統治資源的文化階級。

四、「朕未嘗以言罪人」與宋代文人士大夫的優禮尊榮

兩宋三百餘年，以文教立國，「士與皇帝共天下」，文人士大夫政治地位
之高，曠古未有。在斯文崇尚的時代背景下，作爲「文化精英」的文人士子
階層享有崇高的尊榮與禮遇。自漢唐以來，「待士大夫有禮，莫如本朝。唐時
風俗尚不美矣。」〔註41〕在專制集權的年代，文人因言獲罪的現象可謂司空
見慣。然而在兩宋時代，朝臣因言獲罪者少之又少。宋仁宗即曾自述說：「朕
未嘗以言罪人」。〔註42〕當時的朝臣也由衷感佩地說：「朝廷寬大，不欲以言
罪人」。〔註43〕兩宋政治之開明非一朝一代，「終宋之世，文臣無毆刀之辟」。
〔註44〕「君使臣以禮，臣事君以忠」。〔註45〕君王如此禮遇文臣，士大夫自然
與朝廷戮力同心，共體時艱，共赴國難。承平之際，朝臣不懼君威，犯言直
諫，廷折君顏；靖康之難，太學士義勇當先，保家衛國；南宋淪亡，朝中重
臣秉持千秋公義，以「人生自古誰無死？留取丹心照汗青」的凜然正氣，捍
衛忠義氣節，後世之人不由感歎，宋代士大夫風骨最盛！

兩宋代時代，士大夫風骨之盛、地位之高、尊榮之顯，可謂曠古空前，
這既是中國傳統尚文風尚使然，也是現實政治發展的必然結果。以武靖天下，
終須以文治國家，這是歷代創業之君不得不採用的共同做法。遠自漢，近至
唐，莫不如此。即便在五代十國這一戰亂年代，文人士子治國理政的作用仍

〔註40〕《寶曆元年正月南郊赦文》，《唐大詔令集》卷70。
〔註41〕《鶴山先生大全文集》卷89《吳獵行狀》。
〔註42〕王稱：《東都事略》卷71《張昪傳》，文淵閣四庫全書第382冊，第456頁。
〔註43〕李燾：《續資治通鑒長編》卷397，元祐二年三月末，中華書局2004年，第
9674頁。
〔註44〕王夫之：《宋論》。
〔註45〕孔子：《論語・八佾》。

然不可替代。

五代十國時期，武夫亂政，囂張跋扈，斯文掃地，弱肉強食的獸性規則取代了詩書禮儀的人性世道。在「獸性規則」下，武力決定一切，武夫史弘肇就曾經這樣直吐眞言：「安朝廷、定禍亂，直須長槍大劍，至如毛錐子（筆）爲足用哉！」〔註 46〕然而官場不是戰場，可以馬上得天下，卻不能馬上治天下。唐末五代，藩鎮割據，驕兵悍將雖然可以憑武力獨霸一方，但是卻無法以武力來維持一方社會事務的運轉。掌握了統治權的武將，不能得借助於幕僚文人的幫助。史載：

> 自廣明（公元 880 年）大亂之後，諸侯割據方面，競延名士，以掌書檄。是時，梁有敬翔，燕有馬郁，華州有李巨川，荊南有鄭準，鳳翔有王超，錢塘有羅隱，魏博有李山甫，皆有文稱，與襲吉齊名於時。〔註 47〕

五代沿襲並發展了唐代幕府辟署文職僚佐的制度，大批文士進入五代幕府，從而維繫了地方節鎮轄區政治、經濟的運作。宋太祖趙匡胤在位居節度使後，在其幕府中也聚集了一批文人謀主，如楚昭輔、呂餘慶、王仁贍等人均在其幕府，而以趙普爲謀主。於是，在五代時期，已出現了武人掌權、文人施政的局面。社會各項事物的治理，均出自文人謀士之手。趙宋皇朝建立后，天下一統，政治粗安。依靠兵變從後周孤兒寡母手中奪得帝位的宋太祖，對武將擁兵自重有著感同身受的警惕與戒懼，深切意識到江山社稷變亂根源就在於武力干預政治。爲防止武將當政，確定「治國以文」的基本國策。

「治國以文」必然要以文人來總理國家事務。開國之初，宋太祖即開科取士，全面選拔文臣充任各級政務崗位。在中央，奉行「宰相需用讀書人」的基本原則；在地方，則命「士人典州」。繼太祖之後，太宗及歷代嗣君，也都繼承了崇文禮士、以文治國的大政方針。《宋史・文苑傳》序言中有云：「自古創業垂統之君，即其一時之好尙，而一代之規模，可以預知矣。藝祖（宋太祖）革命，首用文吏奪武臣之權，宋之尙文，端本乎此……自時厥後，子孫相承，上之爲人君者，無不典學；下之爲人臣者，無不擢科。海內文士彬彬輩出焉。」〔註 48〕宋太祖如此廣泛的重用文人士大夫，就是爲了貫徹「治

〔註 46〕《舊五代史・史弘肇傳》，中華書局，1976 年。
〔註 47〕《舊五代史・李襲吉傳》卷 60。
〔註 48〕《宋史・文苑傳》。

國以文」的基本國策，與文人士大夫共理天下政務。誠如當世之人所言：「藝祖皇帝有言曰：『設科取士，本欲得賢以共治天下。』」〔註49〕

隨著「治國以文」基本國策的全面推展，宋代各級政務官員皆選用科舉入仕的讀書人：「上自中書門下爲宰相，下至縣邑爲薄尉，其間臺省郡府公卿大夫，悉見奇能異行，各競爲文武中俊臣，皆上之所取貢舉人也。」〔註50〕就連「堂後宮亦必參之以士人之任。」〔註51〕可謂「滿朝朱紫貴，盡是讀書人。」〔註52〕文人士子儼然已成爲兩宋王朝治國安邦的中堅力量，無怪乎宋太宗由衷地感歎說：「天下廣大，卿等與朕共理，當各竭公忠，以副任用。」〔註53〕「士與皇帝共天下」終成兩宋政治之定制。

「士與皇帝共天下」不僅僅表現爲士大夫集團全面掌控中央及地方行政職權，更爲重要的是，國家大政方針的制定，不再由皇帝一人獨斷，北宋自太宗以來，就開始實行「朝省集議制度」，史載：

> 國朝以來，凡政事有大更革，必集百官議之，不然猶使各條具利害，所以盡人謀而通下情也。〔註54〕

爲了能更廣泛地徵詢決策建言，「太宗留意金谷，召三司吏李溥等二十七人對崇政殿，詢以計司利害。」三司長官也不自做主張，裁決政務甚至還召集平民商議。如陳恕爲三司使時，「將立茶法，召茶商數十人，俾各條利害」。神宗熙寧年間，「其議財也，則商估、市井、屠販之人，皆召而登政事堂」。〔註55〕國家政務的裁決「必集百官議之」，而且還要徵詢「商估、市井、屠販」等平民建言，由此看來，在北宋，不但「士與皇帝共天下」，有時甚至是「天下人與皇帝共天下」。

時至南宋，隨著宋學的涵養激勵，士大夫風骨猶盛。史家呂思勉指出：「經過宋儒提倡之後，士大夫的氣節，確實是遠勝於前代。」〔註56〕士大夫以道自任的使命情懷與政治擔當，更爲深切地喚醒了「士與皇帝共天下」的政治覺醒，南宋初，有位叫做方廷實的御史如此廷奏宋高宗：「天下者，中國之天

〔註49〕《陳亮集》。
〔註50〕柳開：《河東先生集》卷8，四部叢刊本。
〔註51〕林駉：《古今源流至論》，四庫全書影印本。
〔註52〕汪洙編：《神童詩》。
〔註53〕李燾：《續資治通鑑長編》。
〔註54〕《韓忠獻公遺事》。
〔註55〕《宋史》卷267《陳恕傳》。
〔註56〕呂思勉：《中國通史》，上海古籍出版社，2009年。

下，祖宗之天下，群臣、萬姓、三軍之天下，非陛下之天下。」〔註 57〕在家天下的君主專制時代，這些言論聽起來簡直是「大逆不道」，但實際上，「天下為公」、「共治天下」乃是宋代士大夫的政治共識。南宋御史劉黻也如此說：「天下事當與天下共之，非人主所可得私也」。〔註 58〕南宋宰相杜範也認為：「是以天下為天下，不以一己為天下，雖萬世不易可也」。〔註 59〕在「天下不可為私」的政治心理意識下，南宋國家政務：

> 凡廢置予奪，一切以宰執熟議其可否，而後見之施行。如有未當，給、捨得以繳駁，臺、諫得以論奏。是以天下為天下，不以一己為天下，雖萬世不易可也。〔註 60〕

「給事中」與「中書舍人」皆為朝中要職，負責處理實際政務，多以名儒學士出身的士大夫充任。世人有時將二者簡稱為「給」、「舍」。在家天下時代，國家政務「凡廢置予奪」的處理要歷經一個「宰執熟議」、「給、捨得以繳駁」、「臺、諫得以論奏」的決策過程，從而在制度上建構了「士與皇帝共天下」的基本政治架構。

　　「士與皇帝共天下」不僅僅體現為政治意識的覺醒、政治制度的建構，更表現為「天下之公議」對皇權的監督與規制。兩宋時代，士大夫階層作為社會的政治中堅，不畏皇權威勢，直言敢諫，蔚為「天下之公議」。對皇權實施了強大的輿論壓力。兩宋時代，文人士大夫風骨最盛：「陋巷之士，甘黎藿而修仁義，毀譽不干其守，飢寒不累其心」。〔註 61〕文人士大夫無論身處何境，重操守、尚志節：「勢利不屈其心，去就不違其義」〔註 62〕，這是對兩宋文人士大夫精神風骨的真實寫照。「居廟堂之高，則憂其民，處江湖之遠，則憂其君」。〔註 63〕范仲淹心憂天下的情懷代表了兩宋文人士大夫以天下為己任的政治襟懷。他們身處江湖之遠，感奮激昂地談論天下大事：「每感激論天下事，奮不顧身」，積極上書論政：「言政教之淵流，議風俗之厚薄，陳聖賢之事業，論文武之得失」；居朝堂之上，舉凡國家大事，「罄而陳之」〔註 64〕，面折廷

〔註 57〕《宋史全文》卷 2。
〔註 58〕《宋史・劉黻傳》。
〔註 59〕杜範《清獻集》卷 13。
〔註 60〕杜範《清獻集》卷 13。
〔註 61〕《歐陽修全集》，中國書店，1992 年。
〔註 62〕《新五代史》，中華書局，1974 年。
〔註 63〕《范文正公集》，中華書局，1985 年。
〔註 64〕《范文正公集》，中華書局，1985 年。

爭，直言敢諫，這其中較為典型的代表人物當屬熙寧進士劉安世。史載劉安世正色立朝：「其面折廷爭，或帝盛怒，則執簡卻立，伺怒稍解，復前抗辭，旁觀者遠觀，蓄縮悚汗，目之曰『殿上虎』」。〔註65〕一介書生，在朝堂之上，一身正氣，當面指斥朝政缺失，以致於龍顏大怒，其他陪侍之臣，因恐懼而縮頭冒汗，但劉安世卻仍然無所畏懼，仍犯顏廷爭，其剛正不阿的精神風骨真是為人所敬仰，人稱「殿上虎」。

孔子說：「君使臣以禮，臣事君以忠」，〔註66〕孟子云：「君之視臣如手足，則臣視君如腹心；君之視臣如犬馬，則臣視君如國人；君之視臣如土芥，則臣視君如寇讎。」〔註67〕宋代社會如此禮遇讀書人，文人士大夫心憂天下、心繫蒼生，皆「欲傾臣節以報國恩」。〔註68〕以舍我其誰的使命意識，鐵肩擔道義，一展濟世安民之憂國憂民情懷。范仲淹「先天下之憂後天下之樂」的千古名言，以及那「不以物喜，不以己悲；居廟堂之高，則憂其民，處江湖之遠，則憂其君」的政治襟懷，無不充分顯示了他經邦濟世、捨身報國的崇高信念。蘇東坡金榜題名，義勇當先，慨然誓言：「丈夫重出處，不退要當前」。〔註69〕積極進取、捨身報國的激情溢於言表。

在宋代社會，心懷天下、捨身為國的濟世情懷並不是個別士子學人的精神追求，而是士大夫群體自我角色的身份認同。歐陽修所講的「大君子之用心，動必有益於人也」，〔註70〕李覯所倡導的「誦孔子、孟軻群聖人之言，纂成文章，以康國濟民為意」〔註71〕、以及張載的「為天地立心，為生民立道，為去聖繼絕學，為萬世開太平」之言，都是北宋士大夫志在經世、以天下為己任的至誠告白。誠如余英時先生所言：「無論就思維方式，或行動風格說，宋代士大夫作為一個社會集體，都展現了獨特的新面貌。」〔註72〕

在宋代，以天下為己任，不僅是名望之士的使命擔當，更是一般生員們的壯志情懷。宋代是民族矛盾日益尖銳的時代。北宋末年，金兵南下圍困東

〔註65〕《宋史・劉安世傳》，中華書局，1977年。
〔註66〕《論語・八佾》。
〔註67〕《孟子・離婁下》。
〔註68〕《范文正公全集・奏上時務書》。
〔註69〕蘇軾：《和子由苦寒見寄》。
〔註70〕歐陽修：《歐陽文忠公文集》。
〔註71〕《李覯集》，中華書局，1981年。
〔註72〕余英時：《朱熹的歷史世界：宋代士大夫政治文化研究》，三聯書店，2004年，第5頁。

京開封,在即將亡國的危難關頭,陳東等數百名太學生帶領東京群眾掀起聲勢浩大的請願運動,聲討「六賊」之臣的投降賣國行徑,支持堅決抗戰而又與自己素不相識的朝中重臣李綱,終於使北宋轉危爲安。當宋欽宗與金兵立城下之盟,下詔割讓三鎮時,大部分文武官員非但拒不執行皇帝的命令,反而殺掉皇帝欽差割地使,表示出對皇帝的輕蔑。當宋高宗夥同朝臣秦檜與金朝屈辱和議時,宋代忠義之士「莫不扼腕忿怒」。兩宋立國三百餘年,君臣共治,「士與皇帝共天下」的責任意識鑄就了宋代文人學子們慷慨赴難、舍我其誰的救世情懷,同時也支撐起兩宋三百餘年江山社稷的精神脊梁。

南宋末年,蒙古鐵騎橫掃江南。在國破家亡之際,人民的起義鬥爭,洶湧而起,尤其南宋統治下的江南地區,抗元鬥爭歷時十餘年之久,以至於元朝官員不無憂慮地說:「江南歸附十年,盜賊迄今未靖」。〔註73〕在抗元鬥爭中,士子學人們更是義勇當先,慷慨不屈,積極投身反元運動。南宋宰相文天祥在國家敗亡之際,身陷囚籠,富貴不能淫、威武不能屈,忍受了常人所不能忍受的威逼利誘,以「人生自古誰無死,留取丹心照汗青」的浩然正氣樹立起兩宋士大夫忠貞衛國的人格典範。在國家危亡之際,慷慨赴難,奮勇救國,何止文天祥一人矣!後世之人不由感歎道:「及宋之亡,忠節相望,班班可書,匡直輔翼之功,蓋非一日之功也。」〔註74〕兩宋開國三百餘年,經世以文,書院林立,郁郁書香,涵養了兩宋社會崇尚名節的一代士風。

在中國歷史上,兩宋享有崇高美譽。元末趙汸《觀興圖有感》五首之五自注云:「世謂漢、唐、宋爲後三代」〔註75〕。宋與漢唐並立,蔚爲中國歷史的又一發展高峰。宋代的輝煌不但備受中國史家的稱頌,也蔚爲國際漢學界所矚目,曾擔任亞洲研究協會主席的美國學者羅茲·墨菲稱宋朝是中國的「黃金時代」,漢學家喬納森則說:上一個千年的中國,是世界超級大國,也是世界上最強大的國家;日本學者擄藪內清在《中國·科學·文明》中說:「北宋時代是中國歷史上具有劃時代意義的時代」,從一定意義而言,「北宋時代可以和歐洲的文藝復興時期以至近代相比」。在這場「東方的文藝復興」中,兩宋社會興學重教,歷代君王詔令「天下皆立學」,以致於「凡是宋家的土地,都有學術可言」。〔註76〕自春秋以來,時至兩宋,中國學術發展又迎來了一個新的發

〔註73〕 《元史·本紀第十四》。
〔註74〕 《宋史忠義傳》4,參見《論書院教育與宋末元初江南地區的抗元鬥爭》。
〔註75〕 《東山存稿》卷1。
〔註76〕 夏君虞《宋學概買》下篇,第一章《宋學之以地名派者》。

展高峰，「宋代興學，奠定了中國文化近千年來廣大和深厚的基礎」。〔註77〕兩宋時代，斯文崇盛，學派林立，文化名家、學術大師相湧而出，百家爭鳴，蔚爲「宋學」，華夏文脈又得以發揚光大，千古流傳。

五、士大夫以道德文章「重於天下」與明代的「士紳之國」

在中國傳統社會，地方勢力一直爲國家政權的社會基石。漢魏六朝之豪族、隋唐之士族、兩宋之形勢戶、明清之士紳，動靜觀瞻，舉足輕重。尤其在有明一代，文人學子蔚爲「國之望也」〔註78〕，名重天下，居於朝堂之上，是爲士大夫；歸隱鄉野之際，是爲鄉間士紳，爲萬民所敬重。自古以來，士大夫名重天下，不外乎道德與文章：「士大夫之所以異於人而重於天下者——道德、文學；功名，其次也」〔註79〕。歸隱鄉間而「樂善好施」、「和睦鄉黨」，有明一代，堪爲開明士紳風範。尤爲鄉民所倚重的是，士紳不僅肩負諸多重要的社會職責，而且還承擔維護地方利益、捍衛鄉民利益的政治職責。鄉紳雖然「沒有影響決策的眞正的政治權力，並且在任何時候都不可能和政治有直接的聯繫，但他們可以影響朝廷。「紳權」逐漸登上有明代的政治舞臺。時至明代中晚期，地方紳權日益隆重，居鄉士紳儼然已爲「在野之官」。有明一代，皇權、「紳權」與族權共同支配社會體系的運轉，士紳在國家、社會中佔有至關重要的地位，以至於有的學者將明朝稱之爲「士紳之國」。〔註80〕

在兩千年的古代歷史中，士大夫作爲四民之首，成爲社會與國家的中樞，在朝輔助帝王共治天下，在野作爲地方名流督導民間社會。尤其宋元以後，中國逐漸形成了一個「士紳社會」。有明一代，士紳作爲一個「獨特的社會集團」，享有諸多政治、經濟特權與社會禮遇。而且「踞於無數的平民以及所謂『賤民』之上，支配著中國民間的社會和經濟生活」。〔註81〕明清以來「鄉紳」、「紳士」、「士紳」等屢見於文史典籍。所謂「鄉紳」，其名稱在宋代已經出現。〔註82〕所謂鄉紳主要是指退職的官僚和作爲「官僚預備軍」的科舉及第士人。

〔註77〕 劉子健：《略論宋代地方官學和私學的消長》，載《宋史研究集》，第 4 輯，.
國立編譯館，（臺北）：國立編譯館出版，1970 年，第 189 頁。

〔註78〕 顏茂猷：《官鑒》，見：陳宏謀：《從政遺規》，謝文藝齋刊本，第 41 頁。

〔註79〕 貢師泰：《玩齋集》卷 6《送周克復歸省序》，影印文淵閣四庫全書，第 1215
冊，第 602 頁。

〔註80〕 費正清：《美國與中國》，世界知識出版，2000 年，第 32 頁。

〔註81〕 張仲禮：《中國紳士》，社會科學出版社，1991 年，231 頁。

〔註82〕 重用德：《鄉紳支配的成立與結構》，載於《日本學者研究中國史論著選譯》

時至「明以後舉人、監生、生員成了終身資格，與官僚同樣享有免除徭役特權（優免特權），構成了一社會階層」。〔註83〕紳士的稱呼在宋代也已出現。〔註84〕但「紳士」一詞在明代使用不廣。「所謂紳士，應當是指以科舉功名之士爲主體的在野社會集團，同時也包括通過其他渠道（如通過捐納、保舉等），而獲得身份和職銜者。」〔註85〕無論是鄉紳還是紳士，都是指退居的官員和擁有科舉功名的文人士子，他們是異名同體的政治群體：「官僚、士大夫、紳士，是異名同體的政治動物，士大夫是綜合名詞，包括官僚、紳士兩專名……官僚是士大夫在官時候的稱呼，而紳士則是官僚的離職、退休、居鄉（當然居城也可以），以至未任官以前的稱呼。」〔註86〕後世學者對於「鄉紳」、「紳士」的內涵爭論不休。然而，當人們在爭論「鄉紳」、「紳士」的內涵，其設定的時空對象往往並不完全相同，從而使對話失去了統一的基礎，結果是各執一端。有鑒於此，近年來學者開始普遍使用「士紳」這一稱謂。所謂「士紳」，主要是指在野的並享有一定政治和經濟特權的知識群體，它包括科舉功名之士和退居鄉里的官員。「士紳」是一個出現和使用都相對較晚的概念，但其內涵則更具寬泛的包容性，因而「士紳」逐漸被越來越多的學者所採納。

　　中國士紳作爲一個特殊社會階層，大約源起於唐宋之際。日本著名漢學家寺田隆信在《明代鄉紳研究》一書中如此寫道：公元 960 年，宋朝的建立宣告中國近世的黎明，以此爲契機，由被稱爲士大夫或書生的人們取代了因唐末、五代戰亂而沒落了的貴族。他們作爲新時代的承擔者登上了舞臺。唐宋之際，隨著科舉制度的發展，「在中國的傳統社會裏，以儒士爲中心的知識分子——也就是通稱的『士大夫』——是一個最受尊崇的『身份團體』（Status group），不僅名登仕版的『大夫』有其法定的崇高身份，即使是未入仕途的『士』人也享有種種的優待。士人固然可能富埒王侯，也可能貧無立錐，在經濟上屬於迥然不同的『階級』（Class），但在法制及社會上所享受的特權和榮譽則

　　　第 2 卷，中華書局，1993 年，第 214 頁。
〔註83〕檀上寬：《戰後日本的中國史論爭·明清鄉紳論》，載於《日本學者研究中國史論著選譯》第 2 卷，中華書局，1993 年，第 458 頁。
〔註84〕重用德：《鄉紳支配的成立與結構》，載於《日本學者研究中國史論著選譯》第 2 卷，中華書局，1993 年，第 212 頁。
〔註85〕馬敏：《官商之間——社會劇變中的近代紳商》，天津人民出版社，1995 年，第 21 頁。
〔註86〕費孝通、吳晗：《皇權與紳權》，天津人民出版社，1988 年，第 49 頁。

大同小異。」〔註 87〕唐宋之際，士大夫蔚為社會統治的中堅力量，社會地位舉足輕重。美國著名漢學家費正清甚至將宋代社會稱為「士大夫社會」，並讚譽宋代為「中國最偉大的時代」。〔註 88〕

「士大夫」和「士紳」本是一個群體，只不過是不同時空、不同功能視域下的身份稱謂。「士紳」強調的是社會身份以及士紳在民間社會的地位和功能；而「士大夫」一詞所強調的則是一種「意識形態概念和文化概念。〔註 89〕雖然士大夫早在隋唐時期既已位高權重，但直到宋元以後，士大夫才真正成為民間社會的主導力量。隋唐時期開始以科舉取士來打擊門閥貴族勢力，士大夫逐漸主導中央政權，但晚唐的藩鎮割據又導致了武人控制地方政權。時至兩宋，隨著家族祭祀傳統的開啟，士紳階層逐漸萌生。

在中國傳統社會，士為四民之首，有明一代，士紳更是蔚為國望，名重天下。明末清初顏茂猷在回望明代士紳的歷史時，曾深有感慨地說：鄉紳，國之望也。家居而為善，可以感郡縣，可以風州里，可以培後進，其為功化比士人百倍。〔註 90〕於是，士紳就因「文化」而獲得他人的膺服敬重，正如海外漢學家弗蘭茲·邁克爾所說：紳士乃是由儒學教義確定的綱常倫紀的衛道士、推行者和代表人，這些儒學教義規定了中國社會以及人際關係的準則。紳士所受的是這種儒學體系的教育，並由此獲得管理社會事務的知識，具備這些知識正是他們在中國社會中擔任領導作用的主要條件。〔註 91〕明永樂之後，士紳階層已不再僅僅是一個人員群體，而是成為社會權力的另一中心，紳權逐漸成為左右明代社會的中樞力量，士紳於是逐漸登上中國傳統社會的政治舞臺，動靜觀瞻，舉足輕重，主導明清社會走向。

六、「官不能離紳士而有為」與清代士紳的顯赫地位

在兩千年的古代歷史中，士大夫作為中國傳統社會的「四民之首」，曾經是社會與國家的中樞，在朝輔助帝王共治天下，在野作為地方精英，領導民間社會，蔚為民望，尤其在中國傳統社會晚期，士紳階層的政治動向更是左

〔註 87〕蕭啟慶：《元代的儒戶：儒士地位演進史上的一章》，載《元代史新探》，（臺北）：新文豐出版公司，1983 年，第 1 頁。

〔註 88〕費正清：《費正清論中國》，臺北：正中書局，1995 年，第 104 頁。

〔註 89〕閻步克：《士大夫政治演生史稿》。

〔註 90〕顏茂猷：《官鑒》，見：陳宏謀：《從政遺規》，謝文藝齋刊本，第 41 頁。

〔註 91〕張仲禮：《中國紳士——關於其在 19 世紀中國社會中作用的研究》，上海社會科學院出版社，1998 年，第 2 頁。

右著中國政局的歷史走向。

　　清代的基層社會大體上由三部分構成：官、紳、民。紳亦被稱爲士紳或鄉紳。按照瞿同祖先生在《清代地方政府》中的歸納：在鄉土中國，現職、退休或罷黜的官員，舉人以及正式或捐納的生員等，都可以劃歸士紳之列。他們並非都有官職，但因爲擁有知識和學銜，在鄉間擁有舉足輕重的威望和權力。「縉紳，小民之望也。果能身先倡率，則民間之趨勢赴功者必多。」〔註92〕在中國傳統社會中，士紳雖然不具有實際的政治權力，但卻擁有文化權威。人作爲一種理性的存在，對文化學理的信服是一種心悅誠服的眞正權威。士紳作爲社會文化精英，以其自身的文化學理能力蔚爲民望，擁有左右地方事務的士紳權。

　　在傳統中國社會晚期，士紳並沒有問政的法定權力。《清會典》曾記載如下臥碑戒條，規定學校生員不可干求官長，交結勢要，希圖進身。但現實並非如此，明清時期，「國權不下縣。」〔註93〕在「王權止於縣政」的國度中，社會基層處於行政權力的眞空之中，眞正對社會基層行使管理權的，恰恰是士紳階層。士紳階層作爲社會權勢階層建構了清代社會的二元權力格局：以地方行政權力爲載體的正式權力與士紳階層爲代表的非正式權力。從這種意義上講，士紳之治可以看作是國家權力的社會根基：一方面，士紳是公眾領袖，在地方擁有較高的社會權威；另一方面，士紳通過其特殊的文化身份奠定了其獨特的社會地位：在朝可爲官，在野便是紳。士紳的文化身份奠定了士紳問政的政治正當性。在清代，士紳「是惟一能合法地代表當地社群與官吏共商地方事務參與政治過程的集團」。〔註94〕這種「學而優則仕」的政治傳統在此可以解讀爲一種知識的權力化，文化知識作爲一種特殊的權力形態在國家社會生活中發揮著不可忽視的重要作用與影響。

　　鄉紳與普通民眾的區別，除了這一群體更加「知書達理」外，還在於他們擁有諸多政治、經濟與法律特權。《清律例》明確規定了鄉紳的一系列與眾不同的生活方式，以顯示其社會特權。所謂特權是指個人或集團憑藉特殊的政治地位與社會身份在政治、經濟、文化等領域所享有的特殊權益或權力。在清代，士紳擁有諸多政治、經濟特權與法律地位。有清一代，士紳主要享

〔註92〕《清朝文獻通考》卷3《天賦考》。
〔註93〕秦暉：《傳統中華帝國的鄉村基礎控制》，載黃宗智主編：《中國鄉村研究》（第一輯），商務印書館2005年版，第2頁。
〔註94〕瞿同祖：《清代地方政府》，范忠信、晏鋒譯，法律出版社，2003年，第283頁。

有以下特權：一是在經濟上享有賦稅和徭役優免權及法外特權；二是在法律上享有特別保障權。朝廷通過法律條文來保護士紳在地方上的勢力與威望。《清律例》規定，官紳不受當地的司法管轄，也不受常規司法程序的約束。學紳則在司法審判過程中享有與一般平民所不同的待遇。士紳在經濟、法律等方面享有的諸多禮遇奠定了士紳有別於一般民眾的政治地位與政治權威。

公元十九世紀中葉，太平天國運動狂飆突起，清帝國一時間搖搖欲墜。但以曾國藩為代表的士紳階層，力挽狂瀾，扶大廈之將傾，扭轉了晚晴王朝的政治命運。歷經太平天國運動的衝擊，清代中央皇權漸趨衰落，地方紳權日漸隆起，「自寇亂以來，地方公事，官不能離紳士而有為。」〔註95〕士紳階層儼然已為社會重心。時至晚清之際，隨著科舉制度的瓦解，士心離散，清帝國漸趨瓦解，中國傳統社會逐漸向近代轉型。

〔註95〕《胡文忠公遺集》卷86，上海著易堂光緒十四年鉛印本，第33頁。

第九章　政治的軍事化與中國民主政治發展的隱患——尚「文」政治傳統研究的重大歷史使命

　　民主政治建設是關乎中國命運的根本問題。影響國家民主政治發展的客觀因素有很多，其中軍人的角色與地位問題是一個引人矚目的關鍵問題，也是必須加以深入探討的重大課題。軍人不得干政、「政治的非軍事化」是現代民主國家的基本特徵之一，軍隊只有恪守「文治化」原則，國家才能排除因軍人干政而引發的社會動盪以及政治倒退。

一、軍政關係的變亂與政治的軍事化

　　在當代中國，軍方擁有著十分顯著的政治地位，發揮著非常重要的政治影響力。軍隊是一個高度集權化、封閉化的社會集團組織，軍隊對政治的干預，必然導致政治的集權化、政治的軍事化，這不僅嚴重制約著中國民主政治的發展，而且還給中國的未來埋下難以預估的重大隱患。軍隊在國家政治領域中應如何定位自身的社會角色，當代中國應如何建構合理正當的軍政格局，合法的文人政府應如何確立其對軍隊的牢固管控，這是攸關當代中國政治民主化的關鍵問題，也是影響當代中國社會發展的重大議題。

　　早在「文化大革命」時期，毛澤東主席就曾發出這樣的警告：「軍隊裏有要鬧事的，歷史上也經常有鬧事的。不知你們信不信？你們不信，我信。我們軍隊幾十年經常有人鬧亂子。」〔註1〕毛澤東主席作為中華人民共和國軍隊的締造者之一，對於中國軍政體系的本質特徵及其未來走向，他有著深切的

〔註1〕谷成：《毛澤東的光輝晚年》，中國文化傳播出版社，2010年。

瞭解與洞察，毛澤東主席的這一警告是一個亟待引起國人關注的重大問題。

軍政關係或者說文武關係問題，無論在西方還是在東方都是一個極爲重大的社會政治問題。如何確立軍隊在國家政治領域中的角色這是一個關係國家與民族命運的頭等大事，歷史經驗表明，軍政關係的混亂、軍隊社會角色的錯位必然導致整個社會的變亂。如何建構恰當的文武關係，如何確保國家政權對於軍隊的領導與掌控，古往今來始終都是一個讓國家最高領導階層戰戰兢兢的要害問題，也是當代中國必須面對、亟待解決的重大議題。

在先進的現代民主國家中，文武關係的建構必須遵循一個最爲重要的基本原則，這就是軍隊是國家的軍隊，「文人凌駕軍隊」（civil supremacy over the military），簡稱「文人至上」（civil supremacy）。此原則主張軍隊負責保衛國家，而非統治國家；政策由文人決定，軍人執行；文人決定政府政策的目的，軍人則僅限於執行方法的決定；且武裝力量必須由民選的文人政府官員領導和掌握，此一原則主要是將國家的價值與目標，及其制度與實踐，建立在人民的意志（sovereign people）基礎之上，而非由職司內部秩序和外在安全的軍事領導者做決定。

「文人至上」在學理上是指一個民主國家的政府不論在戰時或是平時，每一項決策都是由民選或民選代表指派的文人官員所決定或確認。在原則上，文人至上是絕對的和全方面的；文人負決策成敗之責，軍人除非受文人領導者的委任，否則不需要參與決策和負責。換言之，國防軍事政策由文人決定，軍人只有決策前的建議權與決策後的執行權。

如何確保國家對軍隊的領導？文職政府如何建構對軍隊的絕對領導權威？這是當代中國所必須加以深入探討的重大社會問題。美國著名學者亨廷頓認爲，軍隊自身的「職業軍人倫理」是保持軍人不得干政的主要力量。中國自古以來就擁有著悠久的向「文」傳統，這種向「文」傳統歷經幾千年的歷史積澱已凝結爲一種天經地義的社會倫理準則。在中國人的內心深處，視文人政權爲正統，視軍人政權爲篡逆，國家由文人領導被看作是理所當然的事情，而武人當政則被千夫所指。在中國的歷史長河中，軍事政權雖時有顯現，但都難以長久存續，軍權政治爲世所不容，就連軍事寡頭袁世凱本身尚且認爲「軍人不得干政」〔註2〕，這種特定的社會倫理文化對於消除軍人干政的社會亂象、對於確保國家對軍隊的領導、對於「文主武從」軍政格局的

〔註 2〕榮孟源等主編：《近代稗海》（6），成都：四川人民出版社，1987年，第258頁。

建構都有著十分重大的社會現實意義。

二、斯文崇尚的千古定勢鑄就「文主武從」的政治正當性

　　西方著名政治學家萊斯利‧里普森在其重要著作《政治學的重大問題》一書中也曾表述過這樣的觀點：沒有政治科學的歷史無果，沒有歷史的政治科學無根。由此可見，無論我們從事理論研究還是從事實踐工作，都需要從歷史傳統中尋求解決問題的答案。不管你對歷史抱有何等偏見，事實上我們每個人都生活在各自的歷史文化傳統中，我們的思維方式與行為方式總是或隱或現地被歷史傳統所左右。美國當代著名的社會學家愛德華‧希爾斯歷經25年潛心研究成就一部著名的學術著作《論傳統》，在這部著作中，作者明確指出：現在總是處於過去的掌心之中。關於「傳統」的價值意義，現代思想大師馮‧哈耶克也深刻認識到：一個成功的自由社會，在很大程度上將永遠是一個與傳統緊密相連並受傳統制約的社會。

　　自上古西周以來，歷代中國傳統社會無不文風崇盛，四海之內，書香熠熠，文教興盛，尚「文」之風世代承傳，凝結為千古不易的向「文」傳統。數千年的向「文」傳統對中國社會影響深遠，這一精神傳統規制了傳統中國社會的發展方向，塑造了華夏民族的民族性格與民族心理傾向，鑄就「文主武從」的政治認同，確立了中國傳統政治文化的向「文」精神。

　　人格就是力量，權力就其根本而言乃是一種人格力量的存在。「品格是一個人征服他人的武器，是一個人崇高地位的基礎，」〔註3〕一個人只有具備一定的人格魅力才有資格居於政治領導地位。人格就是從政為官的政治資格，人格低下的人即便掌握權力也無法樹立權威，建構自身政治地位的正當性，這是中西共通的政治定律。在中國傳統社會價值觀念中，文人君子被尊為理想的政治人格標準，而從戎之武夫則被視為小人。在此傳統社會價值觀念中，武夫干政自然為世人所不容。

　　無論在傳統東方社會，還是在西方社會，人格品性問題始終都是政治領域中的根本問題。政治的人格化是中西共通的價值趨向與本質特徵。從本質意義而言，權力是一種人格化的客觀存在。什麼樣的人有資格享有權力，古往今來，隨著歷史時空的遷移，在不同的社會文化背景下，雖然在某些具體方面會有著不同的衡量尺度，但有一個普世的衡量標準卻總是能跨越歷史時

〔註 3〕【缺註內文，請老師補】

空、超越東西文化背景，從而成爲一個永恒的、極具普遍意義的價值坐標，這就是人格品性。早在兩千餘年前的古希臘，偉大的哲學家柏拉圖即曾提出，人的品性是政治的基礎。

如果說在歐洲傳統政治文化中，「哲學王」是政治正當性的人格基礎與價值訴求；那麼在傳統的中國政治文化中，君子人格則是政治正當性的人格基礎與價值訴求。

在中國的社會心理意識中，君子最早指社會中位居高位的人，而後逐漸轉化爲一種寄寓特定道德理想的人格稱謂。儒家的「君子」理念對華夏文化與華夏民族產生了十分重大的影響。「君子」這一倫理價值觀念建構了傳統中國社會的整體心理趨向與價值評判標準。徐傑順先生在《漢民族發展史》中說：君子觀是開啓儒家思想的鑰匙，構築中華民族性格、心理長城。與「君子」相對立的「小人」，原指下層勞動人民，在商周之際亦稱爲「庶人」，甚而蔑稱爲「野人」。《國語・魯語上》中即有「君子務治，小人務力」之說。「君子」與「小人」原本都是指社會身份的稱謂，後經先秦儒家學者的闡釋，「君子」與「小人」逐漸轉化爲一種內涵特定倫理質量的象徵性人格符號。「君子」，泛稱有才德的人」，「小人」，泛指行爲不正派或見聞淺薄的人。

在儒家傳統的政治思維中，政治是一種倫理的存在，政治的倫理化使得「君子」與「小人」既是道德評判標準，也是政治價值的評判標準。故在傳統中國社會中，君子形象逐漸演化成一種道德化的政治人格，得到了普遍的尊崇，小人則作爲反道德的政治人格受到貶斥。君子、小人人格理論作爲中國傳統政治文化的重要構成，直接影響著人們的政治觀念和政治選擇傾向，對君子、小人的人格認同決定著人們的政治認同。政治認同問題是政治領域中最爲重要的問題，它關係到政治合法性的建構，是政治體系維繫政治統治的前提。在傳統中國社會，君子人格的認同決定著政治合法性的確立。君子治國是爲正當，小人當政，人神公憤。

在中國傳統儒家文化中，君子人格有其較爲豐厚的倫理內涵與價值規定，從孔子在《論語》中的論述，我們可以將君子的人格特質歸結爲「仁」、「知」、「勇」三個方面。「君子道者三，我無能焉。仁者不憂，知者不惑，勇者不懼。」〔註4〕在孔子看來，任何人要想成爲君子，就必須要知書達禮，內涵深厚的文化修養。即所謂「君子博學於文，約之以禮，亦可以弗畔矣弗。」

〔註4〕《論語・憲問》。

「文」是區隔君子與小人的重要標誌。「勇」通常是指人的膽量和氣魄，孔子以此作爲君子實施仁義的行爲保證。孔子雖然將「勇」視爲君子人格的一個重要標準，但強調「勇」必須以「義」爲前提。有「勇」無「義」是爲賊，即所謂「君子義以爲上。君子有勇而無義爲亂。」〔註5〕

孔子所闡釋的君子人格與赳赳武夫形成了強烈的反差。君子以「仁」爲本，武夫以殺伐屠戮爲職，與「仁」的精神相對立；君子知書達禮，博學於文，文質彬彬乃君子本色，而武夫大都性情粗野，缺乏文化涵養，這與君子文質彬彬之特質相背離；君子見「義」勇爲，「義」是「勇」者的精神指向，「勇」必須以「義」爲前提。然而春秋無義戰，武夫雖「勇」乃不義之勇。在儒家的價值評判標準中，有「勇」無「義」者，無異於盜賊，即所謂「君子有勇而無義爲亂」。

「君子」與「小人」是相互對立的一對人格範疇，而武夫之人格風範與君子人格特質也相互背離，無怪乎在傳統中國社會，人們常常將武夫與小人相混同，視武夫爲小人。明末大儒黃宗羲分別文武爲君子與小人，認爲「國家社稷之事」，不可「使小人而優爲之」。在這種視武夫爲小人的傳統社會價值觀念中，武夫當政必然爲世人所不容。

三、文人主政的政治認同奠定中國民主發展的政治基石

自20世紀70年代以來，以哈佛大學教授亨廷頓爲代表的歐美學者對於「民主轉型」問題展開深入研究，並提出「民主轉型」的理論模型，藉此來回答威權體制爲什麼轉型、在何種情況下轉型以及如何鞏固民主轉型的成果，尤其是在何種情況下，才能實現民主轉型儼然已成爲眾多學者關注的首要問題。儘管有的學者不贊成那些關於民主化「前提條件」的研究，但亨廷頓堅持認爲，政治生態環境是影響「民主轉型」的關鍵問題之一。亨廷頓教授對於中國的民主轉型問題雖然沒有作過專門研究，但他關於民主轉型的學理分析具有十分重要的啓發意義。

一個文人政權雖然並不能自動轉型爲民主政權，但一個文人政權的存在則爲當代中國的民主政治的發展奠定一個良好的政治生態環境。軍隊是一個高度集權化、封閉化的社會集團組織，軍隊對政治的干預，必然導致政治軍事化。而政治的軍事化難免會衍生政治生態上的「叢林規則」與暴力流血行

〔註5〕《論語·陽貨》。

爲。民主政治的發展需要的是一種非軍事化、非暴力化的政治環境，社會各階層只有透過政治協商、和平過渡才能打開民主轉型的新契機，因此當代中國民主轉型有賴於非軍事化、去暴力化的政治生態環境。從中國的傳統政治文化中，復興文人治國的文治傳統，恢復「以文制武」的軍事管理體制，弘揚「文主武從」的尚「文」傳統，從而爲當代中國軍政格局的建構確立「法統」（legal foundation of the domination）意義上的正當性，這是推進中國民主政治發展的戰略根基。

每個社會都有其特定的心理傾向，每個民族都有其特定的精神品格，這種特定的心理傾向與精神品格是政治社會建構的精神依歸與心理基石。在中國傳統社會中，歷經數千年歷史文化傳統的積澱，逐漸形成了「尚文主義」的社會心理傾向，這種尚「文」主義的社會心理傾向歷經數千年的流傳，逐漸沉浸爲華夏民族的民族性格與民族心理傾向。千年以來，在中國人的內心深處，視文人政權爲正統，視武人政權爲非正統，國家由文人領導被看作是理所當然的事情，而武人當政則會被千夫所指，這種尚「文」的社會心理傾向與民族性格形塑中國社會特定的政治形態——尚「文」政治，化育華夏民族千古不變的政治認同取向。

「認同」作爲學術術語雖是一個新鮮事物，但作爲一種客觀存在卻是伴隨人類進化過程而衍生的一個極爲久遠的重大社會問題，尤其在政治領域中，認同問題更爲重要。認同問題是政治領域中的核心問題，它關係到政治體系的興衰成敗，是政治團體維繫政治統治的前提。從心理範疇而言，認同是一種「歸屬感」，從社會學意義而言，認同是一種「身份感」。在「輕甲胄而重詩書」的傳統中國社會，詩書典籍已不再僅僅是一種文化形態，其本身亦是一種權力形態，文化儼然已成爲一種權威，在中國傳統社會，政治權力只有建築在文化權威的基礎上，才能擁有統治能力。在文化蔚爲權威的中國傳統社會，文人具有非常特殊的社會主導地位，文人主政、「文主武從」的身份認同已成爲一種天經地義的社會心理傾向。

從一定意義而言，人類社會就是一種文化的存在，政治權力作爲人類社會所特有的客觀現象必然內涵著文化的本質屬性，權力的文化知識屬性是一個具有世界普遍意義的政治邏輯，尤其在傳統中國社會，文化知識是一種極爲重要的權力資源，「殷商西周時代最大的權力就是祭祀通神的『文化』，祭

祀儀式的秩序、規範和禮節就是當時最重要的『知識』」。〔註6〕上古先王正是因為掌握著「祭祀通神」的文化知識才掌控了世俗的政治權力。權力的文化學理本性預設了文人主政的文治傳統。在中國的傳統社會中，文人不但主導政務，而且還掌控軍務。北宋之初，開創「以文轄武」的軍事領導制度，歷經明清兩代，遂成歷史定制。

　　人是一種理性的存在，理性的指導力量是一種真正的政治力量。政治權力只有建構在人的理性基礎之上才能具有一種不容置疑的指導性與正當性。強制力雖然是政治權力一種表現形態，但強制力無法鑄就一種穩定的政治權威。權力就是信服力。作為一種物理力量的強制力本身並不蘊涵有任何足以令人信服的理性力量。強制力雖然能使人屈服，但卻無法讓人信服，無法讓人信服的政治權力難以建構穩固的政治統治基礎。只有建立在理性信服基礎之上的政治權力，才有可能將一時的屈從轉化為一種穩定的服從義務。文化知識是人類對於客觀世界的真實性和規律性認識，其本身就內涵著理性的指導力量。文化知識的理論指導性昭示著其本身就內涵著權力意志的本性。知識就是權力這一貫穿人類社會始終的深層問題，自近代以來不斷為人們所深切感悟。然而，知識作為權力的基礎非當代使然。早在人類的蒙荒時代，文化知識就是建築政治統治的必備要件。

　　在上古時代，人類對於自然與社會的規律的認識極為有限，生存境域的茫然使上古先民們處於一種不確定性的恐懼之中，為了求得內心的安定與生存的指引，他們不得不求助於巫術與巫師、神靈與牧師。在上古時代，卜天通神的特殊人員既是知識的化身，也是權力的化身。權力的文化本性在中國傳統社會有著更為顯著的發生學依據。在上古中國社會，氏族首領「一般都要掌握管理生產、主持宗教儀式、指揮作戰、協調部族內部關係等方面的知識技能。」〔註7〕氏族首領之所以能成為部族的統治者，關鍵因素之一就是這些氏族精英掌握祭祀通神、農耕生產等方面的文化知識。當中國社會步入文明時代而後，文化知識的修習更是一種政治特權。上古先王通過對文化特權的壟斷來掌控政治統治權，即所謂「惟官有學，而民無學」〔註8〕。宗周時代「學在官府」的制度正式開啟了中國傳統社會「治教合一」、「官師一體」的

〔註6〕葛兆光：《中國思想史》，復旦大學出版社，2001年，第49頁。

〔註7〕毛禮銳：《中國教育通史》，山東教育出版社，2005年，第28頁。

〔註8〕《校讎通義》卷1《原道》。

基本形態，這一基本社會形態根植了中國傳統社會的「文治基因」。時至春秋以降，王權失墜，官學失守，文化不再是一種特權，被統治階層所壟斷的文化特權逐漸被打破。伴隨學術的下移，士人階層作爲中國的最早的文化學人在中國的歷史時空中異軍突起，逐漸登上中國的政治舞臺，並日益扮演主要角色，「士農工商」的傳統社會等級結構漸趨成型，「士」作爲「四民社會」之首無論在和平年代還是戰亂時期都發揮著舉足輕重的主導作用。

在列國紛爭的春秋戰國時期，軍事爭戰雖然是時代的主軸，但決定戰爭勝負的卻不僅在於軍事力量的強弱，更在於文人謀士的政治智慧。戰國士子蘇秦縱橫捭闔，以其高超的外交戰略，不費一兵一卒，便使秦國不敢出關東向，由此時人論道：「夫賢人在而天下服，一人用而天下從。」〔註 9〕蘇秦一人可敵大秦帝國，於是當時世人曾有這樣深切的感歎：文人策士「一怒而諸侯懼，安居而天下息。」〔註 10〕文人策士手中既無權柄又無物質財富卻可以使一國之君膽戰心驚，由此足見文人策士的社會作用何等重大。

在和平年代，文人士子更是總理國政的基本要員。從一定意義而言，中國的傳統政治即是文人政治。縱觀兩漢以來的歷代大一統王朝，文人主政已成歷史定制，「中國在秦漢以後形成了『士』人政府，社會由士人來領導與控制」。〔註 11〕國學大師錢穆先生的這一著名論斷揭示了文人士子在中國傳統政治領域中的主導地位。漢代「以經治國」，設立「五經博士官制度」，將儒學學術水平作爲選拔中央官員的重要標準，「自此以來，則公卿大夫士吏斌斌多文學之士矣」。〔註 12〕漢代文化學人主政的政治局面，開啓中國文治傳統的歷史序幕。

隋唐兩代創立科舉選官制度，以學術文章、治國策論的優劣爲準繩，選拔各級官員。科舉進士出身「爲國名臣者，不可勝數」〔註 13〕，文士階層由此眞正成爲中國傳統社會的政治主體群體。兩宋時期，中國的文士階層政治地位更爲突出，「皇帝與士大夫共治天下」是這一歷史時期的基本政治風貌。明清兩代更是以翰林大學士來總理國政。《明史·選舉志》記載：自明英宗以後，「非進士不入翰林，非翰林不入內閣。」〔註 14〕

〔註 9〕《戰國策·秦策一》。
〔註 10〕《孟子·滕文公》。
〔註 11〕錢穆：《中國歷史精神》，九州出版社，2011 年，第 36 頁。
〔註 12〕《史記·儒林列傳》，中華書局，1959 年。
〔註 13〕《新唐書·選舉志》。
〔註 14〕《明史·選舉志》。

　　尤爲值得注意的是，在中國傳統文治社會，文人不但主導政務，而且還統領軍務。北宋之初，開創「以文轄武」的軍事領導制度，歷經明清兩代，遂成歷史定制。宋立國之初，鑒於唐末藩鎮割據、武夫亂國、荼毒天下的慘痛教訓，不但以文人執理朝政，還以文官掌控軍隊，文官領兵正式成爲一種新型的軍事管理體制。明代承續文官領兵體制並更爲完善，史載明正統以後：「文臣統帥，武臣領兵，便成定制。」〔註 15〕在明代，文官統兵不僅是一種靜態的制度架構，也是一種動態的軍事運轉體制，「出征時由文臣任總督或提督軍務，經畫一切，武臣只負領軍作戰的任務。」〔註 16〕這種制度安排，確立「文主武從」的軍政領導體制，「總兵皆用武人，然必聽節制於督撫或經略。」〔註 17〕總兵作爲一種軍事要職雖用武人，但要受制於督撫等地方文職長官，武將統領營兵，但文臣卻統領武將，即所謂「文臣統帥，武臣領兵」。

　　清承明制，以文官總督、巡撫節制武臣提督、總兵，得收「以文制武」之效。清入關之初，軍紀寬弛，兵驕將橫，專恣跋扈。民爲魚肉，兵爲刀俎。〔註18〕爲整飭綱紀，清朝依明代舊制。據《嘉慶大清會典》卷三十七記載：「國家設將帥之臣，以守封疆，又遣都察院堂官爲總督、巡撫以統帥之」。〔註19〕以武臣帶兵，以文官統領武將，從而明定「以文制武」之軍政領導體制。自此制度確立后，悍將跋扈的局面，便立刻得以肅清。「以文制武」的軍事領導體制爲清王朝的政治統治奠定了堅固的制度根基。

　　文官領兵作爲一種新型的管理體制在中國古代的軍政史中具有重大的歷史意義，兩宋之際的文官領兵體制無論在中國歷史上，還是在世界歷史中都是一個史無前例的創舉，這一創舉是傳統中國社會十分重要的文明遺產之一。「文臣統帥，武臣領兵」的軍事領導體制有效地解決了武夫篡政而禍亂天下的政治隱患。自商周以降，武夫叛亂始終是生靈塗炭、國家敗亡的重大根源。然自兩宋開啓文官統兵之先河，明清確立「以文轄武」之定制，武夫叛亂、國家分裂的局面不復存在，中國得以求得五百餘年的統一局面。宋代「以文轄武」的基本國策奠定中國傳統社會後 800 餘年的基本建制，同時也鑄就了「文主武從」的身份認同。

〔註15〕吳晗：《讀史箚記》，三聯書店，1979 年，第 100 頁。
〔註16〕吳晗：《讀史箚記》，三聯書店，1979 年，第 99 頁。
〔註17〕黃宗羲：《明夷待訪錄・兵制二》。
〔註18〕《皇清奏議》，卷 12。
〔註19〕《嘉慶大清會典》卷 37。

「中國古代社會可以說就是一個身份制社會」，在日常生活中，其「成員的生存資源主要依據身份及身份之間的關係而配置」。〔註20〕中國傳統社會自秦漢以來就形成了「士農工商」的等級結構，文人士紳作為「四民」之首一直肩負著政治領導者的社會身份，這一身份性特徵鑄就文人執政的社會心理認同取向。

從一定意義而言，中國的傳統政治即是文人政治。自秦漢已降，中國歷代大一統封建王朝的執政官員「多數是進士出身的文人，因此造成文人執政的局面，相沿下來，一直到明清，均可稱為文人政治時期」。〔註21〕千餘年的文人政治傳統，使得文人執政已被歷史定格為一種不可篡越的政治身份。在中國傳統社會中，從一定意義而言，政治權力即是一種身份的存在。誰有資格擁有統治的權力，人們憑什麼服從統治者？在中國傳統文治社會，這不僅僅是一個政治問題，更是一個「文化身份」問題。從心理學範疇而言，「認同」是一種「歸屬感」；從社會學意義而言，「認同」是一種「身份感」。「士者，仕也」，早在春秋之際，擁有「文化身份」的士人學子就被賦予了出仕執政的政治地位。在「萬般皆下品，唯有讀書高」的傳統中國社會中，只有文人士子才有資格執掌治國安邦的政治權力，一個人無論何等位高權重，如果不具有崇高的「文化身份」也不會被社會民眾所認同。「縉紳雖位極人臣，不由進士者，終不為美」。〔註22〕「進士」作為一項科舉科目，始創於唐代，錄用程序較為嚴密公正，在世人看來，考中進士的就是真才實學之士，所以在社會上聲名顯赫，身價百倍。在隋唐兩宋之際，即使位極宰相，如果不具有「進士」這一「文化身份」，也不被世人所仰慕，足見「文化身份」對於政治認同而言何等重要。時至明清，「非進士不入翰林，非翰林不入內閣。」〔註23〕翰林大學士的「文化身份」已成為執掌國政的政治資格，在此政治情勢下，文人執政的身份認同自然會積澱為一種天經地義的社會心理傾向。

身份認同在形塑社會心理傾向的同時，也規制著社會成員的行為導向。一旦形成某種身份認同，社會大眾就會自覺的尊奉這一社會價值取向。當集體身份認同遭受顛覆的時候，社會大眾就會不由自主的採取措施予以抵制。

〔註20〕 郭玉錦：《身份制與中國人的觀念結構》，《哲學動態》202 年第 8 期。
〔註21〕 參閱牟潤孫：《從唐初期政治制度論中國文人政治之形成》，載於《注史齋叢稿》，中華書局，1987 年。
〔註22〕 王定保：《唐摭言》（卷 1），上海古籍出版社，1978 年。
〔註23〕 《明史・選舉志》。

中國社會自先秦以來，就形成悠久的文治傳統，「長久浸潤在這種社會文化環境中，形成了傳統中國人強烈的身份價值取向和身份情結」。〔註24〕這種特定的身份價值取向與身份情結歷經千百年的積澱逐漸奠定了中國軍政關係正當性的心理皈依——文人主政被被視爲理所當然，武夫當政則被視爲篡逆。當「文主武從」的身份認同被打破時，必然激起社會大眾的強烈抵制，即便軍人自身也會自覺恪守文人執政的身份認同取向。

　　辛亥革命後，軍政關係一時錯亂失序。面對軍閥禍國，天下分裂的危局，雲南督軍蔡鍔率先通電全國，反對武人介入國家政務：「鍔本武人，謬預政事」。〔註25〕蔡鍔通過自我檢討的方式，強烈反對武人干政。蔡鍔通電全國，得到軍界普遍的響應：「幾乎所有的督軍，不管他們的權力地位如何，都能夠一致地譴責督軍制和軍人當政的危險。」〔註26〕督軍本爲割據一方的高級軍事將領，尚且身先示範，恪守軍人不當政的身份認同，一致譴責「軍人當政的危險」，深受文治傳統浸潤的一般民眾更視軍人當政爲寇讎：「軍閥之相互攻伐，率獸食人，使整個社會在談兵色變之情況下，到處興起一片抵制軍人之『非兵』」。〔註27〕更爲引人關注的是，北洋軍閥的重要首領吳佩孚在 1920 年通電全國尤爲強調「方期從容組閣，以文治之精神，典邦基於鞏固」。〔註28〕軍界巨頭尚且倡導「文治之精神」，可見在中國社會，「文主武從」的政治認同何等深入人心。軍界尚且譴責軍權政治，武人當政自然沒有任何正當性，北洋政權未過幾時，就土崩瓦解而衰亡。

　　著名學者殷海光將中國人稱之爲被「古祖牽著手走的孩子」。尚「文」政治形態作爲中國的一項重要政治文化傳統，對於華夏民族的思維方式、價值取向、生活樣式等都產生了極爲深遠的影響。在悠遠的尚「文」治傳統影響下，軍人不得干政已成爲廣大中國民眾所信守的一條準則，軍權政治的合理性與正當性自然無法得到確立。尚「文」傳統無論作爲一種觀念還是作爲一種社會制度早已深植於歷代國人的內心深處，積澱爲一種集體潛意識，凝結

〔註24〕郭玉錦：《身份制與中國人的觀念結構》，載於《哲學動態》202 年第 8 期。
〔註25〕蔡鍔：《蔡松坡集》，上海人民出版社，1984 年，第 456 頁。
〔註26〕Lucian W・Pye: "Warlord Politiacs: Conflict and Coaliation in the Modernization of Repuplication China" New York Praeger Publishers, 1971, p125.
〔註27〕胡春惠：《民初的地方主義與聯省自治》，中國社會科學出版社，2001 年，第 324 頁。
〔註28〕賴群力：《直皖戰爭文牘》，收入《近代史資料》（總 27 號），1962 年，第 126 頁。

為一種民族心理結構，規範著歷代中國人的價值取向與行為取向，形塑中國社會所特有的政治正當性價值基礎。在此情形下，文人主政已成為一種社會心理定勢與政治認同取向。幾千年以來，在中國人的內心深處，視文人政權為正統，視武人政權為非正統，國家由文人領導被看作是理所當然的事情，而武人當政則被千夫所指，這種「文主武從」政治認同為文人政權的毋容置疑的正當性，同時也為中國民主政治的發展提供先決條件。

第十章　文明立國應爲中華立國之本
——尚「文」政治傳統的現代詮釋與啓示

自近代以來，中國「被廣泛用作落後、僵化、反對進步」的象徵，〔註1〕而不被「視爲文明的國際關係中的一名夥伴」〔註2〕。自近代以來，日、俄等世界列強無不打著開化中國的旗幟，大肆鼓譟侵略中華的歪理邪說。沉痛的歷史經驗警示世人：一個國家文明與否，關乎民族的安危禍福，文明問題已成爲一個國家的立國之本。一個國家只有始終保持自身的文明性與進步性，才能贏得國際社會的尊重與國內民眾的支持與認同，國家方可屹立於世界民族之林。

一、文明的訴求是人類心魂深處的價值訴求

從根本而言，人是一種文明的存在。人類的歷史進程就是人類逐漸走向文明的發展歷程。嚮往文明、走向文明，這是人類超越自我的鄙陋，從低級走向高級、從落後走向先進的深切渴求，對文明的嚮往與追求，這是根植人類心魂深處的價值訴求，因此，認同的核心問題是對文明的認同，是對先進文化的嚮往與渴慕。

〔註 1〕亞·弗·盧金：《俄國熊看中國龍——17～20 世紀中國在俄羅斯的形象》，劉卓星等譯，重慶出版社，2007 年，第 128 頁。

〔註 2〕亞·弗·盧金：《俄國熊看中國龍——17～20 世紀中國在俄羅斯的形象》，劉卓星等譯，重慶出版社，2007 年，第 113 頁。

　　文明與文化是一個問題的兩個方面，有著共通的本質屬性。文化是人區別於動物的主要標誌，而文明則是文化的深化，它標誌著人類社會的進步和人類精神狀態的開化。從一定意義而言，文化與文明語義相連，奧地利心理學家弗洛伊德甚至認為，文明與文化同義的，沒有必要在二者之間做出區分。他說：「人類文明，我的意思是指人類生命將自己提升到其動物狀態之上的有別於野獸生命的所有那些方面——我不屑於在文化和文明之間做出區分——如我們所知，向觀察者展示了兩個方面。一方面，它包括人類為了控制自然力量並攫取其財富以滿足人類需要而獲得的全部知識和能力；另一方面，它還包括調節人與人之間的關係的、尤其是調節可用財富的分配所必需的規章制度。」〔註3〕然而就其本質而言，文明是發展到一定階段的文化，文明是人類社會發展到一定歷史階段的「社會品質」，誠如恩格斯所言：文明是個歷史概念，文明、是人類歷史發展到一定階段的進步狀態，袪除蒙昧與野蠻、追求進步與文明是人類永恒的內在本性與精神欲求。

　　中國五千年的發展歷程即是一文明發展史。在歷史文化語境中，「中國」既是一個政治地理概念，更是一個區隔文明與野蠻、進步與落後的精神坐標。自先秦以來，歷代中華先民以「華夷之辨」為坐標，以文明訴求為經世治國的價值依歸，不斷開創出輝煌燦爛的中華古代文明。

　　回望五千年的中國社會發展史，對於何謂中華文明，我們不免會仁者見仁、智者見智。然而當我們立足於當今人類社會發展的價值取向來探析中華古代文明，不論我們立足何種認識角度，秉持何種價值理念，以下三大中華文明都是世界文明殿堂中極具永恒價值的文明瑰寶，這就是：「共典選舉，不偏權富」的文官選舉傳統、「以文轄武」的軍事文明、書院式的教育文明，這三大文明遺產共同奠定中華古代文明的先進性，即便時至如今，這三大文明仍具有重大的價值意義。

　　從先秦以致明清之際，中華之所以歷經五千餘年的歷史風雨仍能屹立於世界強國之林，其根本原因就在於中華古代文明時至晚明時期，仍能保持其一定的進步性與文明性。美國學者吉爾伯特‧羅茲曼主編的《中國的現代化》一書曾這樣評說中國古代文明的昌盛與繁榮：

　　　　在世界歷史的大部分時間裏，中國一向是整個東亞社會的文化
　　巨人，其所扮演的角色，集西方人在文化上無限景仰的古希臘羅馬

〔註 3〕弗洛伊德：《論文明》，北京：國際文化出版公司，2000 年，第 88 頁。

和作爲現代歐洲文明中心而倍受傾慕的法蘭西於一身。悠悠二千載，中國人表明自己擁有程度極高而造詣極深的多樣化文化價值，擁有控制、協調和管理幅員遼闊而人口眾多的國家的能力，擁有有效地把技術開發應用於生產的擴大並維持數倍於十九世紀歐洲國家人口的組織天才。中國人過去的生活標準是其他民族根本無法與之比擬的。〔註4〕正是由於中華古國擁有「其他民族根本無法與之比擬的」的先進文明，千古以來，中華古國一直蔚爲世界大國、東亞強國。

二、崇尚文明與傳統尚「文」政治的現代解讀

從本質意義而言，國家即是一種文明的存在，〔註5〕國家政權只有始終保持自身的進步性、文明性才能建構自身的正當性。中華古國歷經多次亡國之難，卻總能浴火重生，屹立於世界東方，千古不衰的生命力即在於，中華古代文明始終走在世界文明的前列。

上古華夏民族定居於中華的中原地區。從先秦以致魏晉，中原地區一直是華夏文明的中心，而中國的周邊地區則較比落後，由此中華先民逐漸產生以文明與否爲標準的「華夷觀念」，以此來區分族群的文明程度。合於華夏禮俗文明者爲「華」，或稱夏、華夏、中國人，不合者爲夷，或稱蠻夷、化外之民。中華古國重衣冠禮儀，《春秋左傳正義・定公十年》：中國有禮儀之大，故稱「夏」；有服章之美，謂之「華」。《周易・繫辭下》載：黃帝、堯、舜垂衣裳而天下治。中國古代之衣冠、禮儀往往用來代指文明。如果說在先秦之際，禮儀往往用來代指文明，而「古之所謂文者，乃詩書禮樂之文」，〔註6〕沿著這一語義邏輯，所謂「文」即是指文明，中國的尚「文」政治傳統，在現代語境下，我們可將其解讀爲以文明立國的政治傳統。如何通過自身文明的感召力來「化成天下」，這是中國尚「文」政治傳統的精神要義之一。

一個社會、一個國家只有不斷發展進步，不斷走向文明，那麼無論歷經

〔註4〕吉爾伯特・羅茲曼：《中國的現代化》，南京：江蘇人民出版社，1988年。

〔註5〕恩格斯曾指出：「國家是文明社會的概括」。這句話極爲簡練地闡明了文明與國家的關係：國家的內涵是文明，文明的政治表現是國家。參閱：恩格斯在《家庭、私有制和國家的起源》，《馬克思恩格斯選集》第4卷（上），人民出版社，1972年，第172頁。

〔註6〕司馬光：《答孔仲文司戶書》。

何種危難，它都會屹立不倒。幾千以來，華夏民族歷經多次異族入侵，甚至國破家亡，然而卻總能劫後重生，實現華夏民族的偉大復興，其關鍵因素即是華夏民族與當時的周邊異族相比較而言，總能保持文化上的先進性、政治上的文明性、經濟上的發達性。以清朝八旗子弟被華夏文明所同化爲例，最能說明這一重大問題：文明的感化力是一個民族安身立命之本。

明末清初，「八旗」子弟揮軍南下，問鼎中原，建立起世界超級強國——大清帝國，然而未過數十年，「八旗」舊部即被漢民族先進的文明所同化，滿族雖貴爲社會統治階層，但卻逐漸失去其自身的主體性。一個民族的存在不意味著一種族群意識的自我標榜，而是一種文明的區隔，先進的文明是標誌一個族群存在的精神特徵，如果一個族群的文明程度日益落後，就必然被另一種先進的文明摒棄、替代，而當一個民族的文明被替代後，那麼這個民族就會隨著自身特徵的消失而「泯然眾人矣」。清軍入關後，雖然滿族的政治統治機器運轉二百餘年，但大清帝國早已被華夏文明所同化，滿族統治名存實亡，這一歷史現象正是「經世以文、化成天下」之尚「文」政治的最好例證。

文明既是一種品質，更是一種力量。從政治維度而言，文明的感召力是最爲強大的「政治力」，這是中國尚「文」政治給予後人甚爲重大的現代啓迪意義。一個國家只有不斷發展進步，不斷走向文明，方能不斷提升公民對於國家的認同感與自豪感，尤爲重要的是，只有當一個國家、一個民族的政治體製作爲一種文明的存在時，這個國家無論歷經何種危難都會屹立不倒。

三、政治民主是現代文明的重要標誌

文明是一個社會不斷發展與進步的發展過程，文明問題在不同的歷史時段有著不同的精神內涵與時代意指。如果說華采奕章的禮樂文化是中華古代文明的主要特徵，那麼現代文明的基本標誌之一則是民主政治的建構。

文明是一個內涵寬廣的客觀存在，它是由語言、歷史、宗教、習俗、制度等客觀因素及人們主觀上的自我認同因素共同決定，主要是以宗教爲核心的價值體系。﹝註7﹞文明既是一個宗教範疇，也是一個政治範疇，從政治維度而言，政治民主是現代文明的社會根基，沒有政治民主就沒有現代文明，現代文明的發展史，在一定意義來說即是民主奮爭史。數百年來，歷代民主先

﹝註7﹞薩繆爾·亨廷頓：《文明的衝突與世界秩序的重建》，北京：新華出版社，1999年，第24頁。

驅為爭取民主、建設民主，前仆後繼，背負歷史的十字架，即是肩負建設現代政治文明的歷史使命。

現代政治文明的重要使命即是祛除政治權力的獸性，消除政治領域內的「叢林規則」，建立起民主的政治與自由的社會。在民主政治體制下，社會各階層以和平、理性、人道的文明方式，而不是以野蠻暴力的手段來解決政治矛盾與社會衝突。

矛盾與衝突是一種必然的社會現象，關鍵是如何解決政治矛盾，化解社會衝突，從一定意義而言，政治就是解決衝突的藝術，以何種方式來解決社會衝突，這是關涉國家安危的重大問題。如果我們以野蠻暴力來解決政治衝突與社會矛盾，必然帶來政治軍事化、社會暴力化的隱患，整個社會隨時都會陷入弱肉強食、相互殘殺的「叢林規則」。人類追求民主政治，從一定意義而言，就是要消除政治領域中的「叢林規則」，建構和平理性的國家治理體制，從而為社會長治久安奠定政治基礎。

從社會學維度而言，社會若成其為社會，關鍵要素之一就是要建立起社會度量衡，或者說建立起社會度量標準與評判依據。沒有了客觀、公正、準確的度量標準與評判依據，整個社會就會處於混亂狀態。人類不但要在經濟領域建立起度量衡，在政治領域中也要建立起度量衡；沒有資金結算體制，人的經濟生活就無法運行，沒有民主政治體制，國家政治生活就失去基本的評判依據。公開、公正的民主選舉體制與票決機制為解決社會衝突提供了一個基本的依據。

從一定意義而言，民主制度就是一桿秤，它衡量的是民意與民心。不管政治矛盾如何尖銳，政治衝突如何激烈，無論哪個人、哪個政黨，都必須以民主原則為依歸，服從公眾民意的裁決，這就為解決社會矛盾建構了仲裁機制，為化解政治衝突提供和平理性的民主票決機制。

民主票決機制的基本要義即是以選票代替子彈、以「數人頭」代替「砍人頭」，通過數人頭、算選票，政治爭端的解決就有了基本依據。通過民主票決機制，政治衝突以和平理性的方式加以解決，從而有效防止政治的軍事化、社會的暴力化。美國著名法學家施瓦茨在他的名著《美國法律史》中這樣說：美國對人類進步所作的真正貢獻，不在於它在技術、經濟或文化方面的成就，而在於它樹立這樣的光輝典範，這就是在美國，政治爭端不再由武裝部隊來解決，而是由民主憲政體制來裁決。民主為解決社會矛盾、化解政治衝突，

提供一種基本的評判依據與裁決機制，從這一意義而言，民主機制就是一種裁決機制，沒有這種裁決機制，整個社會就會因政治矛盾、政治衝突的日益惡化，逐漸墮落爲「叢林規則」下的獸性世界。

在專制社會中，既沒有公開、公正的民主選舉機制，也沒有自由、平等的全民票決機制。隨著選舉體制與票決機制的缺失，整個社會因此失去評判依據與裁決機制，政治爭端自然無法以和平理性的方式加以化解。當政治衝突愈演愈烈時，統治集團爲維護自身的政治統治秩序，往往依靠軍事暴力來平息政治衝突。當暴力介入政治紛爭與政治衝突，整個社會便會充斥野蠻與暴力，社會文明自然蕩然無存。

專制體制下的暴力，雖然可能使社會秩序得到一時的維繫，但野蠻的暴力無法實現社會的長治久安。近代英國著名政治學家愛德蒙·伯克曾指出：武力可以使人屈服一時，但卻無法使人永遠屈服。民主政治作爲一種現代文明，其基本要義之一即是以平等公正、和平協商的基本原則，以「一人一票」的選舉規程，通過非暴力的方式來贏得政治共識與政治認同。

如果說政治是上層建築，那麼政治認同即是這座上層建築的「鋼筋混凝土」，沒有政治認同，任何政治團體都形同流沙。從這個意義而言，政治問題即是認同問題，政治就是認同的政治。從現實角度來說，認同問題是關涉到每個政黨、每個國家、每個民族安身立命的根本，歷史和現實都表明，政治認同的淪喪，意味著政治權力的精神崩潰。沒有政治認同，無論是一個政黨，還是一個國家，終將無法逃脫分崩離析的滅亡命運。

民主政治作爲現代文明社會的基本標誌與內在特徵，當然也應是中國現代社會的核心價值要素。中國共產黨在第十八次代表大會中，明確提出要「倡導富強、民主、文明、和諧」；要「倡導自由、平等、公正、法治」。〔註8〕通過民主與法治的建設，全面推進人的自由全面發展，就會讓人民看到未來美好願景的希望，從而凝聚民心，共體時艱，共謀發展。

自 1978 年改革開放以來，中國的民主與法治事業取得顯著成就，然而歷經「文革」浩劫，「我們的法治基礎十分薄弱，社會法治意識還很脆弱，」〔註9〕

〔註8〕 參閱《堅定不移沿著中國特色社會主義道路前進　爲全面建成小康社會而奮鬥》，人民出版社，2012 年。

〔註9〕 方工：《法治不能萎縮，人治不可回潮》，載於《北京日報》，2010 年 5 月 17日。

在諸多領域，中國社會仍然殘存著愚昧、落後的封建政治餘毒，民主政治仍未能得到充分實現，如果一個社會「不能實現民主政治」，也不能「保證公平正義」，〔註10〕那麼，現代文明即無法生根。民主與法治、公平與正義作爲現代文明的基本要素是維繫社會穩定的最後一道防線，爲了社會的穩定，爲了國家的長治久安，中國必須要深化民主法治建設，全面推進整個社會的文明程度，方可使中華民族屹立於世界民族之林。

　　自古以來，無論是一個民族，還是一個國家，文明問題都是其賴以生存與發展的根本問題，尤其在當今時代，文明問題已不僅僅是一個社會品質問題，更是一個關涉民族安危與國運興衰的重大戰略問題，文明立國是立國安邦之本。

〔註10〕方工：《法治不能萎縮，人治不可回潮》，載於《北京日報》，2010 年 5 月 17
　　　日。